€2,50

AUTISME
RELATIES EN SEKSUALITEIT

Gunilla Gerland

Autisme
Relaties en seksualiteit

Vertaald uit het Zweeds
door Jasper Popma

Houtekiet
Antwerpen/Amsterdam

*Met dank aan Fontys Hogescholen (Tilburg)
en het Opleidingscentrum Autisme (Antwerpen)*

© Gunilla Gerland, Tönnheim Literary Agency, 2004
Oorspronkelijke titel Autism: relationer och sexualitet
Oorspronkelijke uitgever Cura Bokforläg, Zweden
© *Nederlandse vertaling* Jasper Popma, Scandinavisch
Vertaal- en Informatiebureau, Nederland/Houtekiet 2006

Uitgeverij Houtekiet, Vrijheidstraat 33, B-2000 Antwerpen
info@houtekiet.com
www.houtekiet.com

Omslag Jan Hendrickx
Omslagfoto Femke Vermeulen
Vormgeving Intertext

ISBN 90 5240 874 26
D 2006 4765 14
NUR 860

Niets uit deze uitgave mag worden verveelvoudigd en/of
openbaar gemaakt door middel van druk, fotokopie of op
welke andere wijze ook, zonder voorafgaande schriftelijke
toestemming van de uitgever

No part of this book may be reproduced in any form, by
print, photoprint, microfilm or any other means,
without written permission of the publisher

INHOUD

Voorwoord 7

1. Wat is autisme? 13

Deel 1 Relaties

2. Vriendschap 19
3. Relaties 33
4. Ouderschap 49

Deel 11 Seksualiteit

5. Wat is seksualiteit? 61
6. Als seksuele uitingen problematisch zijn 69
7. Seksuele oriëntatie en gender 89
8. Seksueel misbruik 99

Deel 111 Praktisch aan het werk

9. Beoordeling 111
10. Seksuele voorlichting 125
11. Seksuele verhalen en andere visuele strategieën 139
12. Ondersteuning van de ontwikkeling van vriendschap 151
13. Andere werkwijzen 161

Bijlage

A Autisme en seksualiteit
   in de wetenschappelijke literatuur 177
B De geïnterviewden 197
C Literatuur en andere bronnen 201

Noten 203

Dankwoord 207

VOORWOORD

Waarom een boek over autisme, relaties en seksualiteit? Nou, simpelweg omdat er zoveel vragen zijn en er zo weinig over geschreven is. In al die jaren dat ik met autisme bezig ben, heb ik vaak vragen gekregen zoals 'Is het anders als je autistisch bent?', 'Hoe maak je vrienden?' 'Wat moet je doen als het problematisch wordt?' Ik ben ook op veel foutieve veronderstellingen gestuit, zoals: 'Mensen met autisme kunnen geen relatie hebben'. Ik heb jongeren met het aspergersyndroom gesproken die in boeken hadden gelezen dat de kans dat ze een partner zouden vinden nihil was en dat kinderen krijgen praktisch uitgesloten was. Terwijl ik veel mensen met het aspergersyndroom heb gesproken die een relatie én kinderen hebben.

Alle mensen met wie ik gesproken heb, gaven aan dat autisme, relaties en seksualiteit een ingewikkeld thema vormen, waarover ze graag meer zouden willen weten. Daarom ben ik op zoek gegaan naar kennis erover. Die was er niet. Her en der vond ik wat versnipperde weetjes, maar niemand bleek die bijeengebracht te hebben.

Ik besloot uit te zoeken hoe de werkelijkheid eruitzag. Het leek me daarom verstandig zoveel mogelijk mensen te interviewen die bereid waren over het onderwerp te praten en iets toe te voegen hadden. Zo heb ik een zeer diverse groep mensen van verschillende leeftijden, met diverse achtergronden en uit verschillende categorieën[1] geïnterviewd. Ik wilde niet zozeer een eensluidend beeld krijgen, maar veeleer proberen alles wat er over het onderwerp te zeggen is op te sporen. Dat is me natuurlijk niet gelukt, het is niet mogelijk om álles te vinden. Bovendien komen er, naar ik hoop na dit boek, nog meer boeken en artikelen waarin nieuwe perspectieven staan, met zaken die ik heb gemist of die nu nog niet te vinden waren. Het onderwerp relaties kan zo breed zijn als je maar wilt, terwijl seksualiteit makkelijker te begrenzen is. Om het materiaal hanteerbaar te maken, heb ik ervoor gekozen bepaalde invalshoeken buiten beschouwing te laten. Dit boek gaat bijvoorbeeld niet over relaties van mensen met autisme/asperger waarin een van de partners geen autistische stoornis heeft.

Er zijn ruwweg drie groepen geïnterviewden. Ten eerste mensen die zelf een diagnose binnen het autismespectrum hebben. In dit boek zijn dat twaalf personen in de leeftijd van 19-56 die allemaal hoog functionerend zijn. Deze mensen heb ik in eerste instantie gevonden via contacten die ik al had; het zijn mensen van wie ik wist dat ze wel over relaties en seksualiteit wilden praten. Enkelen werden bovendien getipt door mijn omgeving. Vervolgens begon het gerucht zich te verspreiden en geleidelijk aan werd ik benaderd door mensen die hadden gehoord waar ik mee bezig was en die met hun gedachten en ervaringen wilden bijdragen. Met een aantal van hen had ik e-mailcontact. Ik heb een deel van dat materiaal opgenomen in het boek, ook al is het niet afkomstig uit directe interviews. Ik wilde immers een zo breed mogelijk beeld schetsen. Daarom komen er in de tekst meer citaten voor dan van de twaalf personen die ik oorspronkelijk heb geïnterviewd.

De tweede groep bestaat uit ouders. Ik heb vijf moeders en drie vaders geïnterviewd, die allemaal al dan niet volwassen kinderen hebben met autisme en een verstandelijke beperking. Ik heb hen benaderd, omdat hun kinderen zelf niet kunnen vertellen. De verstandelijke beperking van hun kinderen hebben verschillende gradaties, van een heel laag ontwikkelingsniveau (wat betekent dat ze een mentale leeftijd van minder dan 1 jaar hebben) tot een lichte verstandelijke beperking, wat bijna normaal begaafd is. Hen heb ik deels zelf gevonden, deels met behulp van Lena Andersson van de Zweedse vereniging voor autisme.[2] Ze kende enkele ouders die het onderwerp seksualiteit zelf bij gelegenheid hadden aangesneden. Ook in dit geval zijn er mensen bijgekomen die niet tot de oorspronkelijke groep geïnterviewden behoorden en die ervaring hadden met specifieke onderwerpen (bijvoorbeeld in verband met ongewenste intimiteiten).

De derde groep bestaat uit mensen die beroepshalve met autisme bezig zijn. Ook hier is er een grote diversiteit, van verzorgend instellingspersoneel tot hoogleraren psychologie. Deze groep bevat dertien mensen. Ook hier kwam het voor dat mensen contact met me opnamen omdat ze iets wilden toevoegen of omdat ik iemand tegenkwam die iets belangrijks en interessants te zeggen had. Daarom geldt ook voor deze groep dat niet alle citaten afkomstig zijn van mensen die ik heb geïnterviewd.

Omdat de geïnterviewden, net als de literatuur, afkomstig zijn uit Scandinavische landen, Engeland en de Verenigde Staten, mag dit boek beschouwd worden als een internationaal boek.

Bij het schrijven van dit boek was de anonimiteit een klein dilemma. Wat mensen betreft die zelf autistisch zijn, is het natuurlijk vanzelfsprekend dat ze anoniem moeten zijn. Hoewel enkelen zeiden dat ze niet anoniem hoefden te zijn, was het voor anderen juist heel belangrijk. Een groot aantal stelde het erg op prijs dat de interviews niet als één geheel zijn weergegeven, maar over diverse citaten zijn verspreid, waardoor het nog moeilijker wordt om de geïnterviewden te herkennen.

Ouders zijn natuurlijk ook anoniem. Maar wat moest ik met professionals? Een aantal van hen wilde anoniem blijven, ze vonden dat dit de anonimiteit van de gevallen waarover ze vertelden zou waarborgen; als je niet eens weet over welk land of welke regio het gaat, is de kans dat iemand wordt herkend op grond van de beschrijving van zijn gedrag nog kleiner.

Tegelijkertijd wil ik de professionals erkenning geven voor hun bijdrage. Iemand wees me erop dat sommigen, die internationaal bekend zijn op het gebied van autisme, het boek een bepaald 'gewicht' zouden geven als bekend zou zijn wie ze waren. Het werd echter te ingewikkeld als sommigen anoniem zouden zijn en anderen niet. Daarom heb ik er uiteindelijk voor gekozen alle professionals anoniem op te voeren. Dit heeft mijn werk ook vergemakkelijkt, omdat ik niet iedereen alle citaten heb hoeven laten goedkeuren (wat nog eens verder bemoeilijkt zou zijn doordat dit boek oorspronkelijk in het Zweeds is geschreven terwijl een groot aantal interviews in het Engels is gehouden). Wanneer iemand verkeerd geciteerd is, is het dus volledig mijn fout.

Naast de interviews heb ik me ook ingelezen met behulp van alles wat er te vinden was. De literatuur over het onderwerp autisme en seksualiteit is uiterst mager en daarom heb ik ook literatuur gezocht over seksualiteit en verstandelijke beperking, en over seksualiteit in het algemeen.

Het voornaamste doel van dit boek is dus te proberen de werkelijkheid te beschrijven – zo ziet hij eruit (volgens de geïnterviewden). Veel mensen vragen om tips en handigheden, praktische werkwijzen en strategieën. Ik denk echter dat het op zichzelf al een grote hulp kan zijn om de realiteit beschreven te zien en je te kunnen herkennen, of je nu een hulpverlener, ouder of persoon met een diagnose bent. Dingen bij hun naam noemen, er woorden aan geven, kan ervoor zorgen dat mensen zich bevestigd voelen.

Daarnaast heb ik geprobeerd om in dit boek concrete adviezen te geven over de manier waarop je dingen aan kunt pakken. De waarheid is echter dat er niet zoveel over bekend is. Alles wat ik heb gehoord (of in boeken heb gevonden) om problemen terzake op te lossen, heb ik opgenomen. Maar omdat de problemen zo enorm veel facetten en verschillende achtergronden hebben, is gebleken dat eerst moet worden geprobeerd om heel precies te achterhalen wat de oorzaak kan zijn, voordat wordt ingegrepen en het probleem op één bepaalde manier wordt aangepakt. Daarom heb ik een hoofdstuk opgenomen over denkbare oorzaken die belangrijk zijn om mee te nemen in een dergelijke beoordeling.

Tijdens het werk aan dit boek heb ik me afgevraagd of ik het op zou delen in een deel over het aspergersyndroom en hoog functionerend autisme en een deel over autisme in combinatie met een verstandelijke beperking. Het bleek praktisch echter niet uitvoerbaar. Het is veel te moeilijk om grenzen te trekken; bovendien zijn sommige vragen voor beide groepen relevant, terwijl andere dat niet zijn. Dat houdt in dat het boek soms meer gaat over het hoog functionele deel van het spectrum en soms meer over mensen met een lager ontwikkelingsniveau. Dat is niet altijd uit de titels van de paragrafen af te leiden waar de verschillende gedeeltes te vinden zijn.

Ik begin het boek met een kort hoofdstuk over autisme, zodat mensen die niets over autisme weten en die dit boek toevallig in handen krijgen in elk geval enige basiskennis hebben. Wie die basis al heeft, kan dit hoofdstuk overslaan. Daarna begin ik over vriendschap, gevolgd door relaties en ouderschap. Daarna pas ga ik in op seksualiteit en op welke manieren dat een probleem kan zijn bij mensen met autisme, beoordeling van deze problemen en wat er eventueel aan te doen is. In de bijlage staat een artikel waarin ik behandel wat er op wetenschappelijk gebied over het onderwerp is gepubliceerd (niet zo veel). Er is ook een hoofdstuk over literatuur, instellingen en verenigingen, en – zoals al eerder genoemd – een overzicht van de geïnterviewde personen.

Ten slotte volgt er een lijst van alle mensen die ik wil bedanken omdat ze op verschillende manieren hebben bijgedragen aan dit boek. Maar op deze plek wil ik Monica Klasén McGrath alvast in het bijzonder bedanken, omdat – onafhankelijk van hoe ze er zelf over denkt – dit boek niet af was gekomen zonder haar inzet.

Stockholm, januari 2004
Gunilla Gerland

HOOFDSTUK I

Wat is autisme?

Dit is een heel korte inleiding tot het autismespectrum. Het bevat alleen punten die ik noodzakelijk acht voor de begrijpelijkheid van dit boek. De focus in dit boek ligt op relaties en seksualiteit in combinatie met autisme en ik wil niet te veel ruimte in beslag laten nemen door een theoretisch hoofdstuk over de stoornis zelf. Ik gok er ook op dat veel lezers al vertrouwd zijn met het verschijnsel autisme. Voor de lezers die zich theoretisch willen verdiepen in autisme, is achter in het boek een literatuurlijst opgenomen.

Stoornissen binnen het autismespectrum bestaan uit een combinatie van symptomen op drie gebieden: beperkingen in de sociale interactie, beperkingen in de communicatie en beperkte, repetitieve stereotiepe patronen van gedrag, belangstelling en activiteiten.

In het diagnostisch handboek DSM[3] staat bij elk symptoomgebied een aantal symptomen die moeten optreden om de diagnose autisme te kunnen stellen. Autisme en het aspergersyndroom zijn de diagnoses binnen het autismespectrum waar het meest over gesproken wordt. De meningen zijn verdeeld over de vraag of er sprake is van twee verschillende stoornissen, of dat het aspergersyndroom in feite een lichte variant is van autisme. Zelf vind ik het constructief om autisme als een continuüm te zien met verschillende gradaties. Daarom heb ik er in dit boek voor gekozen om het aspergersyndroom onder autisme, te laten vallen en als ik het heb over mensen met autisme, reken ik het hele spectrum mee. Het betekent echter niet dat het aspergersyndroom altijd een 'lichte' stoornis is, de ernst ervan varieert ook binnen de groep mensen met asperger. Dat is vooral duidelijk bij volwassenen, van wie een aantal aanzienlijk beter functioneert dan in hun jeugd, terwijl anderen nog steeds grote moeilijkheden hebben.

Dat mensen met autisme zo verschillend kunnen zijn, vinden sommigen verbluffend, maar voor iedereen die mensen met een autistische stoornis ontmoet heeft, is het zonneklaar. Een van de redenen daarvoor is dat de fundamentele moeilijkheden zich op zulke diverse manieren kunnen manifesteren. Als iemand bijvoorbeeld moeite heeft met sociale interactie, kan dat voor een individu heel verschillende consequenties hebben en dus resulteren in verschillende soorten gedrag en gewoonten. Deze grote verschillen maken het moeilijk om algemene dingen over autisme te zeggen. Toch kunnen een paar punten genoemd worden.

Mensen met autisme en het aspergersyndroom hebben er, in verschillende mate, moeite mee om snel en intuïtief te begrijpen hoe andere mensen denken en voelen. Dit vermogen wordt *theory of mind* genoemd, of, in het Nederlands, inlevingsvermogen. Mensen met een stoornis binnen het autismespectrum hebben ook, in verschillende mate, communicatieproblemen. Veel mensen met autisme en een verstandelijke beperking, hebben hoe dan ook geen gesproken taal en begrijpen de zin van communicatie waarschijnlijk nauwelijks. Mensen met autisme en een laag ontwikkelingsniveau hebben vaak heel weinig begrip van taal – als ze het al hebben – en hebben andere communicatievormen nodig, bijvoorbeeld met voorwerpen of plaatjes. Een aantal mensen met autisme heeft veel echolalie, ze kunnen frasen herhalen die ze uit hun hoofd hebben geleerd en bijvoorbeeld op televisie hebben gehoord. Ze vinden het echter moeilijk om taal communicatief te gebruiken. Mensen met het aspergersyndroom hebben altijd wel het vermogen om zich verbaal uit te drukken, maar hebben vaak toch taalproblemen, bijvoorbeeld doordat ze een heel concreet en letterlijk begrip van taal hebben, waardoor het moeilijk is om ironie, metaforen, uitdrukkingen en dergelijke te begrijpen.

Het vermogen voor sociale interactie wordt beïnvloed door autisme, maar de manier waarop, kan erg variëren. Sommigen zoeken vaak contact met andere mensen, maar weten niet goed hoe je een gesprek begint en in stand houdt. Anderen zijn passiever en zoeken nauwelijks contact met anderen. Ook problemen met het interpreteren van andermans lichaamstaal en het gebruik van de eigen lichaamstaal zijn heel algemeen.

Een groot aantal mensen met een stoornis binnen het autismespectrum blijkt een beter visueel dan auditief geheugen te hebben, waardoor mondelinge instructies problematisch zijn. Ze hebben er vaak baat bij als de opdrachten worden opgeschreven of getekend, in plaats van dat ze mondeling worden herhaald.

De oorzaken van stoornissen binnen het autismespectrum zijn niet volledig bekend, maar er is tegenwoordig overeenstemming over dat de stoornis biologische oorzaken heeft en dat hij dus niet, zoals eerder werd gedacht, veroorzaakt wordt door een verstoorde ouder-kindrelatie, door psychosociale factoren, emotionele trauma's en dergelijke. In de gevallen waar de oorzaak bekend is, gaat het om zaken als beschadigingen tijdens de zwangerschap of de bevalling, erfelijke ziektes, zware hersenvliesontsteking bij zuigelingen en chromosoomafwijkingen.

De kennis over autisme is de afgelopen vijftien jaar aanzienlijk toegenomen zodat veel volwassenen met een stoornis binnen het autismespectrum die diagnose nooit gekregen hebben. Er zijn dus mensen in instituten en dagbehandeling die een combinatie hebben van autisme en een verstandelijke beperking, maar die alleen voor dat laatste een diagnose hebben. Er zijn ook mensen met het aspergersyndroom in de volwassen psychiatrie die andere diagnoses hebben gekregen, omdat de behandelaars de kennis missen om autisme te herkennen en te begrijpen. Een aantal mensen met autisme of het aspergersyndroom heeft nooit contact gehad met de hulpverlening of psychiatrie.

DEEL EEN

Relaties

HOOFDSTUK 2

Vriendschap

Mijn belangstelling voor relaties en seksualiteit bij autisme betreft niet alleen liefdesrelaties, maar ook andere soorten relaties. Het ligt naar mijn gevoel voor de hand om te beginnen met vriendschap, iets wat veel van de geïnterviewden met een diagnose binnen het autismespectrum lastig vinden. Veel van hen vertellen dat ze het in hun jeugd moeilijk vonden vrienden te maken, een groot aantal van hen is ook gepest. Een paar mensen zeggen dat ze makkelijk contact leggen en oppervlakkig gezien dus makkelijk vrienden maken, maar dat ze het moeilijk vinden om de contacten te onderhouden en vrienden te behouden.

Sommige geïnterviewden vertelden dat ze heel teleurgesteld waren, als hulpverleners zoals begeleiders, contactpersonen en persoonlijk assistenten, geen vrienden bleken te zijn. Toen hun aanstelling ophield, verdwenen ze zo maar uit het leven van de persoon met autisme.

Soms is het ongetwijfeld moeilijk om het verschil tussen een hulpverlener en een vriend te begrijpen, maar het is helaas niet ongebruikelijk dat hulpverleners zichzelf 'vrienden' noemen. Soms doet de familie het, door als de contactpersoon langskomt dingen te zeggen als 'vandaag komt je vriend Thomas op bezoek'. Jongeren met het aspergersyndroom kunnen hierdoor natuurlijk het idee krijgen dat de hulpverlener inderdaad een vriend is. Het wordt vermoedelijk, zoals zo veel dingen, met de beste bedoelingen gezegd, maar het kan bij de persoon met autisme tot een grote teleurstelling leiden.

Het komt ook voor binnen instellingen voor mensen met autisme en een verstandelijke beperking; medewerkers van instellingen noemen zichzelf soms 'vrienden' van de bewoners. De directeur van een instelling zegt me echter:

> Het is heel belangrijk duidelijk te maken dat de hulpverleners geen vrienden zijn. Ze hebben immers veel macht over het bestaan van de bewoners en daarmee is de verhouding ongelijkwaardig.

Ze zegt verder dat veel van de bewoners (jongvolwassenen met hoog functionerend autisme en bijkomende psychiatrische problemen) heel kwetsbaar zijn omdat ze zo'n sterke behoefte hebben aan vriendschap en waardering. Ze vertelt ook dat niet alle mensen met autisme het ontbreken van vrienden noodzakelijk als iets negatiefs ervaren, als anderen hen daar niet op wijzen.

Een psycholoog zegt:

> Mensen met het aspergersyndroom zijn in alle soorten relaties ontzettend kwetsbaar, bijvoorbeeld op de werkvloer. Als de omgeving niet begrijpt waarom die persoon niet mee gaat koffiedrinken of niet meedoet met bedrijfsuitjes, dan is dat vaak de aanleiding om andere problemen op die persoon te projecteren. Zo wordt die de zondebok voor van alles en nog wat op het werk.

Een resocialisatiehulpverlener denkt ook dat eenzaamheid een probleem is:

> Ik heb nu contact met twee volwassenen die allebei heel verdrietig zijn omdat ze zo eenzaam zijn. Toen ik terugkwam van

vakantie, bleek dat geen van hen tijdens die zomer met iemand gesproken had, afgezien van sporadisch contact met instanties.

Positieve berichten komen van een aantal mensen met een diagnose binnen het autismespectrum die zeggen dat vriendschap met de jaren wat makkelijker is geworden en dat ze nu beter weten wat ze moeten doen om met iemand bevriend te raken. Soms is dit het resultaat van een bewust besluit. Een aantal geïnterviewden zegt bezig te zijn geweest met een soort 'training'.

Een jongeman met het aspergersyndroom zegt:

> Ik heb heel diep in de put gezeten, ik was extreem angstig en werd gepest. Nu heb ik me eruit geknokt.

Hij vindt dat hij nu meer dan genoeg vrienden heeft – en hij noemt zichzelf extravert en 'wild' – maar hij zegt ook dat mensen hem nog steeds voor de gek houden, maar dat hij nu heeft geleerd om 'ze terug te pakken'. Een probleem dat nog steeds speelt in zijn contacten met anderen is dat hij zich of-of gedraagt:

> Als ik stil ben, zeg ik geen woord – als ik praat, dan tetter ik de oren van je kop.

Een 21-jarige vrouw met het aspergersyndroom zegt:

> Ik heb enkele oppervlakkige vriendschappen met mensen die ik van school ken, maar ik heb geen goede vriend of vriendin. Niemand die ik opbel om wat mee te praten en met wie ik afspreek om dingen te doen en zo. Ik heb altijd graag een goede vriendin willen hebben, maar het is er niet van gekomen. Misschien moet ik beter mijn best doen en opbellen, maar je moet ook niet te opdringerig zijn. Het is een raadsel wat je moet doen om een goede vriendin te krijgen. Het is nog makkelijker om vriendjes te krijgen dan goede vriendinnen.

Vele geïnterviewden beschrijven hoe ze overbelast raken en geen energie meer hebben als sociaal samenzijn te inspannend wordt. Een oudere man met het aspergersyndroom zegt:

> Mijn zus wil dat we met elkaar omgaan als vrienden, maar dat kan ik niet. Dan schakel ik mezelf uit en trek ik me terug in mezelf. Alle dingen hebben zoveel aspecten, ik praat bijvoorbeeld heel monotoon. Ik deed daarom erg mijn best opgewekt te klinken op mijn antwoordapparaat. Maar dat kostte ongelooflijk veel energie.

Een hulpverlener geeft ook een voorbeeld van hoe anders het energieverbruik en de beleving van tijd kunnen zijn:

> Er liep een man met het aspergersyndroom bij ons die van zichzelf zei dat hij zo veel te doen had. Toen hij een nieuwe afspraak met ons maakte, was het alsof hij nog maar net een gaatje voor ons kon vinden in zijn agenda. Eigenlijk had hij maar eens in de drie maanden contact met ons, maar in zijn beleving was het erg veel en inspannend.

Een dertigjarige vrouw met het aspergersyndroom zegt dat het wat makkelijker is om met mannen om te gaan omdat ze 'directer' zijn. Ze is nog nooit echt met iemand bevriend geweest en erg argwanend doordat ze er veel moeite mee heeft om het gedrag van anderen te interpreteren. Toch mist ze vriendschappen. Ze zegt dat ze niet bevriend met iemand kan en durft te zijn, maar voegt eraan toe dat je, als je iets zoekt wat je nooit hebt gehad, niet kan weten of je redelijke verwachtingen hebt:

> Ik ben de hele tijd onzeker als ik met andere mensen omga; zijn ze nou aardig, of pesten ze me eigenlijk?

Een andere vrouw met het aspergersyndroom zegt:

> Ik heb het altijd heel moeilijk gevonden om te weten wat anderen van me vinden en daarom ben ik voortdurend onzeker. Als mensen zeggen dat ze me niet aardig vinden, dan ben ik daar bijna blij mee want dan weet ik in elk geval dat dat waar is. Andere mensen kunnen hier ook onzeker over zijn, maar ik denk dat ik nog onzekerder ben omdat ik asperger heb. Het komt eerder doordat ik het moeilijk vind om signalen van anderen op te vangen dan doordat ik weinig zelfvertrouwen heb. Het is alsof je een taal probeert te spreken die je eigenlijk niet echt beheerst.

Die onzekerheid over wat anderen vinden en hoe je moet weten of je iets correct inschat, wordt door veel mensen als erg vermoeiend ervaren.

De directeur van de instelling voor mensen met autisme en bijkomende psychiatrische problemen, is van mening dat het belangrijk is om te erkennen dat mensen met autisme vrienden kunnen hebben en dat ze voorkeuren hebben. Een probleem is echter dat sommigen van hen andere personen met het aspergersyndroom of autisme niet meetellen als vrienden. Ze willen vrienden hebben die geen stoornis hebben.

Veel van de mensen in deze instelling zijn opgegroeid in instituten en gesloten psychiatrische afdelingen of hebben er langdurig gewoond en dat kleurt hun behoefte om als anderen te willen zijn natuurlijk sterk. Dit beeld wordt bevestigd door een vrouw met autisme die ik heb geïnterviewd. Ze heeft geen verstandelijke beperking en voor haar was het ontzettend stigmatiserend dat ze, in haar beleving, op één hoop gegooid werd met mensen met een verstandelijke beperking. Ze voelde zich 'een gek uit zo'n tehuis'. Toen ze later weer thuis woonde en naar een gewone school ging, werd ze ook gepest omdat ze in een tehuis had gezeten. Een groot deel van haar volwassen leven heeft ze nodig gehad om het stempel 'gehandicapt', dat ze als erg negatief ervoer, weg te poetsen. Het was een keerpunt voor haar dat ze op haar vijftigste andere mensen met autisme leerde kennen en zag dat zij ook geen 'gekken uit tehuizen' waren. Daarmee heeft ze haar eigen diagnose kunnen aanvaarden en die tot een deel van haar identiteit kunnen maken.

Een psycholoog die ik heb geïnterviewd, zegt dat bij de jongeren met het aspergersyndroom de wens om erbij te horen en 'als anderen' te zijn, overheerst, terwijl ouderen vaak meer behoefte hebben aan intellectuele gemeenschap met anderen. Hij zegt dat er druk wordt uitgeoefend op mensen met het aspergersyndroom om in de 'neurotypische' wereld te komen, om te worden zoals wij. Dit beeld wordt bevestigd door de directeur van de instelling, die zegt dat een groot aantal mensen met het aspergersyndroom een grote pressie vanuit hun familie ervaren om vrienden te maken.

Ze wijst erop dat sommigen van hen hulp nodig hebben om er emotioneel mee om te gaan dat ze geen vrienden hebben, wat niet hetzelfde is als zeggen dat ze geen mensen om zich heen hebben.

Sommige mensen met het aspergersyndroom of autisme vertellen dat moeilijkheden om anderen te begrijpen, om te snappen hoe ze denken en functioneren, een hindernis vormen om vriendschappen te sluiten. Maar de meesten vertellen ook hoe de problemen met impliciete boodschappen en stoornissen in de perceptie van waarnemingen voor problemen zorgen, simpelweg doordat ze zich niet kunnen gedragen zoals anderen, bijvoorbeeld dat ze niet mee kunnen doen aan sociale activiteiten met anderen. Een vijftigjarige man met het aspergersyndroom vertelt dat hij naar een avond ging waar een stand-upcomedian optrad:

> Ik snapte niets van die grappen. Ik heb het verdragen, maar het was verschrikkelijk.

Dezelfde man vertelt dat hij, ondanks een hoge academische opleiding, niet in staat is een roman te lezen of het overgrote deel van de televisieprogramma's te zien. Dat soort zaken kan tot een gebrek aan gespreksonderwerpen leiden, wat het contact met anderen verder bemoeilijkt.

Het gedrag van andere mensen interpreteren, begrijpen wat ze eigenlijk willen en vinden, is moeilijk. Een vrouw van een jaar of twintig met het aspergersyndroom vertelt:

> Ik ben vaak onzeker over hoe andere mensen mij zien en wat ze verwachten. Wanneer is het gepast om op te staan en weg te gaan? Als je het gezellig vindt, wil je toch langer bij elkaar blijven? Als anderen iets gaan doen, is het moeilijk om te weten of ze willen dat ik meega. Soms vraag ik het weleens, maar het kan wat pathetisch worden: 'hebben jullie nu genoeg van me, of zal ik meegaan?'

Veel mensen met het aspergersyndroom lijden aan zogenaamde prosopagnosie, dat wil zeggen moeite met gezichtsherkenning. Een vrouw met het aspergersyndroom zegt dat dat het moeilijker voor haar maakt om bevriend te raken met mensen, omdat anderen vaak denken dat ze kwaad op hen is omdat ze hen niet groet.

Een andere vrouw zegt dat haar gevoeligheid voor geluiden het ontzettend moeilijk maakt om op plekken te komen waar veel mensen zijn. Ze zegt dat het toch lastig is om iemand tegen te komen met wie je bevriend kunt raken als je er niet tegen kunt om in ruimtes te zijn waar geluid is in de vorm van muziek, pratende mensen, enzovoort.

Heel wat ouders van mensen met autisme én een verstandelijke beperking noemen ook stoornissen in de perceptie van waarnemingen als een hindernis in de relatie met andere mensen. Dit geldt in extra sterke mate voor jongere kinderen. Naast het autisme, zorgden de problemen om zintuiglijke indrukken te interpreteren ervoor dat deze kinderen nog verder geïsoleerd raakten.

Een aantal geïnterviewden vertelt dat ze relaties met anderen pas laat hebben ontdekt en interessant begonnen te vinden. Een negentienjarige jongen met het aspergersyndroom zegt:

> Toen ik 14 was, kwam het in me op dat ik om wilde gaan met leeftijdgenoten, maar ik wist niet hoe dat moest. Daarvoor had ik niet door dat je vrienden kon hebben en ik had die behoefte ook niet. Toen vond mijn moeder dat ik vrienden moest hebben. Het was wel makkelijker toen ik contact met mensen nog niet belangrijk vond, ik miste het toen in elk geval niet.

Ouders van mensen met autisme en een lichte verstandelijke beperking zeggen eveneens dat de belangstelling voor vrienden laat kan komen. Een moeder vertelt:

> Pas nu mijn dochter is begonnen in de bovenbouw van de middelbare school, begint ze vrienden te krijgen. Het is ontzettend belangrijk en betekent veel voor haar, ook al heeft ze soms grote problemen om hen te begrijpen. Het is meerdere malen voorgekomen dat ik thuiskwam en haar vriendinnen op haar kamer zaten, terwijl ze zelf in haar eentje op de benedenverdieping bezig was. Ze heeft ook fantasievrienden met wie ze praat en op wie ze scheldt zodra ze alleen is. Ze weet heel goed dat ze niet bestaan, maar ik denk dat ze met hen oefent.

Het kan zinnig zijn om autisme en het aspergersyndroom, hoewel de stoornis in de meeste gevallen levenslang duurt, soms te beschouwen als vertraging op bepaalde terreinen, in plaats van als een onvermogen. Dit geldt in elk geval voor inlevingsvermogen, dat ook bij mensen met autisme ontwikkeld kan worden, hoewel dat later gebeurt dan normaal.

Heel wat mensen met een diagnose binnen het autismespectrum vertellen echter dat ze de zin van relaties niet echt begrijpen. Een 23-jarige vrouw met het aspergersyndroom zegt dat ze niet weet wat het haar eigenlijk oplevert om met andere mensen om te gaan. Een man met het aspergersyndroom die sinds kort begeleiders heeft, zegt dat zijn begeleiders een goed alternatief zijn voor de vriendschappen die hij niet op kan brengen:

> Anderen vinden dat ik mijn autonomie daardoor kwijtraak, maar voor mij is het juist goed. Ik kan met andere mensen niet praten zoals met hen. Het is een goed doordachte situatie. Ze krijgen ervoor betaald. Het is eigenlijk een heel geschikte manier voor mij.

Iemand met het aspergersyndroom die halverwege de vijftig is, zegt dat het met de jaren zwaarder is geworden, dat hij het niet langer opbrengt om zijn best te doen om zich aan te passen. Het heeft altijd veel energie gekost om een functionerende façade op te houden en hij voelt zich nu min of meer opgebrand.

> In het begin probeer ik vaak wat scherpzinnige opmerkingen te maken en te doen alsof ik zoals anderen ben, maar daarna dooft het uit en wil ik alleen maar naar huis en mijn computer aanzetten.

Hij vertelt ook dat mensen niet echt geïnteresseerd zijn in andere mensen, en dat dat treurig is. Een jonge vrouw zegt:

> Het is erin gehamerd dat je vrienden moet willen hebben, maar ik heb het prima naar mijn zin in mijn eentje.

Er zijn een paar mensen met wie ze best graag omgaat, maar het is niet *noodzakelijk*, vindt ze. Sinds ze met een nieuwe opleiding voor mensen met psychische stoornissen is begonnen, heeft ze meer sociale contacten, maar toch blijft het lastig.

Ik weet niet goed waar je het over moet hebben, wat ze willen en vooral, wat ze van mij willen. Vroeger was ik een raar figuur en dat was geen probleem, maar op deze nieuwe school lijken mensen me te mogen. Dat ben ik niet gewend. Voor mensen die bijvoorbeeld aan psychoses lijden, kom ik waarschijnlijk stabiel over en kan ik een soort steun zijn.

Dat veel mensen oppervlakkig en tamelijk oninteressant zijn, wordt door meer mensen met het aspergersyndroom verteld. Ze zeggen ook dat oppervlakkige gesprekken moeilijk zijn, dat het makkelijker is om een gesprek te voeren als je weet dat je een bepaald onderwerp gaat bespreken. Sommigen vinden het daarom makkelijker om te gaan met anderen met autisme of asperger. Een 23-jarige vrouw met het aspergersyndroom:

> Veel mensen met het aspergersyndroom zijn onbevooroordeeld, geslacht en leeftijd doen er niet toe. Maar daarnaast heb ik geen gevoel voor mode enzo. Ik zie niet of iemand rare kleren draagt, of een 'fout' kapsel heeft. Ik vind dat er wel belangrijker dingen zijn om me druk over te maken dan of ik mooie kleren draag.

Een andere vrouw met het aspergersyndroom zegt dat het voor haar niet mogelijk is om te gaan met mensen van haar leeftijd en haar geslacht. Met veel oudere of veel jongere mannen gaat het makkelijker. Veel van de geïnterviewden met het aspergersyndroom zeggen hetzelfde, ze vinden het extra moeilijk om met leeftijdsgenoten om te gaan:

> Toen ik jonger was, zocht ik ouderen op; nu ik ouder ben zoek ik kleine kinderen op.

Dat het moeilijk is om met leeftijdsgenoten om te gaan, kan gedeeltelijk komen doordat hun interesses niet gedeeld worden, maar sommigen noemen ook integriteit als factor. De behoefte aan integriteit in de omgang met anderen is groot en het is gemakkelijker om prettig aandoende afstand te hebben tot personen die aanzienlijk ouder of jonger zijn.

Verder is continuïteit in relaties voor veel mensen met een autistische stoornis problematisch. Een jongeman met het aspergersyndroom zegt dat hij het überhaupt heel moeilijk vindt om contact met anderen te hebben als hij ze niet regelmatig ziet. Als er te veel tijd tussen de ontmoetingen met mensen zit, wordt het erg moeilijk om met ze te praten.

Een vader vertelt over zijn twintigjarige, niet-verbale zoon met autisme en een verstandelijke beperking:

> Hij herkent mensen die hij vaak ziet. Als ze op bezoek komen, begroet hij hen direct door ze een klopje op de schouder te geven of aan hun haar te ruiken. Maar bij mensen die hij zelden ontmoet, kan het lang duren voordat hij doorheeft dat ze er zijn. Mensen die hij nooit eerder heeft ontmoet, lijkt hij sowieso niet op te merken. Bij honden gaat het net zo. Honden hebben veel belangstelling voor hem en kunnen aan komen lopen en tegen hem opspringen als we buiten wandelen, maar hij ziet ze niet. Hij kijkt dwars door ze heen alsof ze er niet zijn. Maar als hij één bepaalde hond meerdere malen heeft gezien, dan ziet hij dat die hond er is, dat hij leuk is om aan te raken.

Veel van de geïnterviewden vertellen over pesten en problemen met klasgenoten tijdens hun jeugd. Een 23-jarige vrouw met het aspergersyndroom vertelt dat ze toen ze een jaar of acht was, een aantal vriendinnen had. Ze speelde de baas over hen en vond hen vrij stom, maar toch vonden ze haar aardig. Later had ze een 'beste vriendin' van wie ze een 'aanhangsel' was en zonder wie ze niets kon doen; dit betekende dat ze niet naar de kantine of andere plaatsen in de school kon gaan als haar vriendin ziek was.

Een jonge vrouw met het aspergersyndroom vertelt:

> Ik had geen vrienden, ik zat alleen maar in mijn eentje te tekenen. Ik leek vast verlegen. Maar een keer had ik zes maanden een beste vriendin, maar daarna was ik weer op mezelf. Toen ik wat ouder was, durfde ik anderen te vragen of ik mee mocht doen. Dan zeiden ze alleen 'nee, loop niet achter ons aan'. Ik wilde met ze meedoen, maar dat mocht niet, dat was vervelend. Ik werd ook gepest, van groep drie tot groep acht, de hele tijd. Ze negeerden me vooral, maar ze pakten ook dingen van me af en gooiden ze over zodat ik er niet bij kon. En ik werd uitgescholden. En dan had je natuurlijk gymnastiek. Als er partijen gekozen moesten worden, dan wilden ze mij nooit hebben. Toen een meisje bij mij werd ingedeeld, zei ze: 'O nee, waarom moet ik altijd het slachtoffer zijn en met haar samen doen.'

Een andere jonge vrouw met het aspergersyndroom:

> Ik heb het nooit vanzelfsprekend gevonden dat ik vrienden kon krijgen. Ik weet dat ik helemaal onder aan de ranglijst sta. Ik probeerde als kind wel vrienden te maken, maar het lukte niet en ik gaf het op. Ik wist niet zeker of wat ik zocht wel vrienden waren. Het was eerder zo dat anderen het leuk leken te hebben en dat wilde ik ook. Maar ik weet niet of ik al dat gevoelsmatige begrijp dat met vriendschappen samenhangt. Bij andere kinderen is het net alsof ze het vanzelfsprekend vinden dat ze vriendjes krijgen. Ik werd altijd gepest op school. Omdat ik altijd gepest werd, heb ik waarschijnlijk een andere blik gekregen. Ik bedoel, als ik eerst vriendjes had gehad en daarna werd gepest, zou ik veel verdrietiger en teleurgestelder zijn geweest. Het was vervelend om gepest te worden, maar ik dacht er niet over na.

Voor sommige mensen met het aspergersyndroom kan het moeilijk zijn om het pesten zelf te begrijpen. Dit kan voor de pesters een reden zijn om ermee door te gaan. Een aantal mensen begrijpt het verschil niet tussen een vriend en iemand die pest. Het kan ook heel pijnlijk zijn als iemand doorkrijgt dat hij gepest wordt zonder dat hij het zelf begrijpt. Een vrouw vertelt:

> Op school zeiden ze: 'Ze is zo mooi'. Ik begreep niet dat er iets in de toonval doorklonk waaruit bleek dat ze het niet meenden. Ik dacht dat ze me echt mooi vonden.

De diagnose betekende voor een aantal geïnterviewden een weg naar vriendschap. Een vrouw met het aspergersyndroom zegt dat ze pas door de diagnose het gevoel kreeg te weten wie ze was; de diagnose was een werktuig om haar moeilijkheden met anderen mee te verklaren. Het maakte het gemakkelijker om begrip van anderen te krijgen en om bepaalde zaken die ze misschien verkeerd had begrepen met anderen te bespreken. Ook hielp het haar om te oefenen bepaalde zaken beter aan te kunnen. Door de diagnose en door deel te nemen aan cursussen en conferenties over autisme en het aspergersyndroom, heeft een aantal geïnterviewden vriendschap gesloten met andere mensen met dezelfde of vergelijkbare diagnoses. Sommigen hebben via deze weg zelfs een tamelijk groot sociaal netwerk opgebouwd. Een jonge vrouw met het aspergersyndroom begon nadat ze op een reguliere basisschool en middelbare school had gezeten in een speciale klas in de bovenbouw van de middelbare school voor leerlingen met autisme/asperger:

> Het was hartstikke goed om anderen met asperger te leren kennen. Ik kwam erachter wat er mis was en kon andere mensen met vergelijkbare problemen leren kennen. Ik heb er geen vrienden gemaakt, maar ik was geen buitenbeentje, zoals voordien. Een kleinere klas is ook ontspannener en de groep is ook fijner.

Een paar mensen vond het echter een teleurstelling om anderen met het aspergersyndroom te ontmoeten. Ze bleken niet zoveel gemeenschappelijk te hebben als ze hadden verwacht.

HOOFDSTUK 3

Relaties

Als je vakliteratuur leest, kun je de indruk krijgen dat mensen met autisme en het aspergersyndroom praktisch nooit een relatie hebben. Dit heeft soms een negatief effect op jongeren met het aspergersyndroom, die deze boeken zelf gelezen hebben en denken dat relaties vanwege hun diagnose volkomen onbereikbaar voor ze zijn. Dat er in feite flink wat mensen met een stoornis binnen het autismespectrum liefdesrelaties hebben, is een van de waarnemingen die de aanleiding tot dit boek vormden. Dat heel wat mensen met autisme/asperger een relatie hebben, heeft vermoedelijk meerdere redenen. Een voor de hand liggende reden is dat er tegenwoordig meer mensen zijn met een diagnose, en niet alleen met de ernstigste vorm. Een andere reden is dat jongeren met autisme of asperger elkaar tegenwoordig bij verschillende gelegenheden kunnen ontmoeten en een paar kunnen vormen, bijvoorbeeld doordat ze naar een speciale school gaan of naar een andere instelling die speciaal gericht is op mensen met autisme. Dat er relaties zijn waarbij beide partners een diagnose hebben, komt natuurlijk voor een groot deel doordat tegenwoordig bekend is dat er ook meisjes zijn met hoog functionerend autisme en het aspergersyndroom.

Toch is er nog steeds een grote groep mensen die om uiteenlopende redenen geen relatie willen of kunnen hebben. Ik begin dit hoofdstuk met een paragraaf over hen.

De partnerwens

Volgens een aantal hulpverleners bestaan er wat het verlangen naar een relatie betreft verschillen tussen vrouwen en mannen. Een hoogleraar psychologie:

> Het verschil tussen mannen en vrouwen met een relatief hoog functionerend autisme, dat wil zeggen inclusief mensen met een lichte verstandelijke beperking, is dat vrouwen realistischer zijn over hun eigen moeilijkheden. Sommigen zeggen dat ze af en toe zouden willen knuffelen, maar ze hoeven niet alles, dus geen officiële relatie met alles wat daarbij hoort.

Dat het verlangen naar een relatie kan ontbreken of dat men sowieso geen belangstelling heeft om op die manier contact te hebben, komt ook in de interviews naar voren. Een jonge vrouw met het aspergersyndroom zegt:

> Ik houd er niet van om compromissen te sluiten en als je een relatie hebt, dan moet je compromissen sluiten, dus daarom wil ik geen relatie.

Een andere vrouw met het aspergersyndroom zegt dat het weliswaar niet zo is dat ze geen relatie wil met een man, maar dat ze toch gelooft dat het er nooit van zal komen:

> Ik heb op een bepaalde manier altijd geweten dat ik alleen zal leven. Als ik samen zou zijn met iemand, dan moet dat een heel stabiel persoon zijn, zonder problemen. Ik heb zelf zoveel steun nodig, dat ik iemand anders niet kan steunen. En het is moeilijk om mijn humeur te moeten verdragen!

Verder zegt ze dat een partner en een gezin ingewikkeld zijn en dat ze in dat geval het risico zou lopen veel kritiek te krijgen op al haar moeilijke kanten.

Volgens een psycholoog kan het van belang zijn om in te zien wat het probleem eigenlijk is:

> Ik spreek hulpverleners die het hebben over seksueel isolement, hoewel het in feite om sociaal isolement gaat. Ze missen niet in de eerste plaats een sekspartner, maar ze hebben behoefte aan een grotere levenskwaliteit. Het is soms te makkelijk om te geloven dat alles opgelost zou zijn met een partner. En het is ook makkelijk af te doen door te denken dat je daar toch niet mee kunt helpen, maar zoals ik al zei, de persoon in kwestie heeft misschien een andere vorm van hulp nodig.

Sommige geïnterviewden hebben de indruk dat mannen vaker de wens uitspreken om te trouwen dan vrouwen en dat het moeilijk te bepalen is hoe dat komt. Je kan je afvragen of het een echte relatiewens is of in eerste instantie doordat iemand wil zijn 'zoals de anderen'.

De moeder van een jongeman met autisme en een verstandelijke beperking die ook veel anderen met een vergelijkbare stoornis heeft ontmoet, zegt:

> Het is vervelend dat wij, 'normale' mensen, mensen met een verstandelijke beperking de indruk geven dat wij modellen zijn van hoe je zou moeten zijn. Als je mensen met een verstandelijke beperking spreekt, dan denken ze vaak dat ze precies zo moeten zijn als wij, ze vragen vaak 'zeg je dat zo?' of 'hoort dat zo?' Het kost ze zo veel kracht om het niet verkeerd te doen. Ik denk ook dat dat een deel van de reden is dat ze een partner willen. Misschien hebben ze zelfs het gevoel dat je dat moet hebben omdat anderen hun de indruk hebben gegeven dat je alleen dan meetelt.

Een jongeman met het aspergersyndroom vertelt het volgende:

De laatste jaren van de middelbare school werd ik elk jaar verliefd op een meisje. In mijn gedachten was ik dan totaal op haar gefixeerd. Ik had geen flauw idee hoe je iemand moest benaderen – in de tijd kon ik amper met iemand praten zonder dat ik een soort weerzin leek op te roepen. Ik had ook heel weinig zelfvertrouwen en ik was depressief. Dat alles bij elkaar garandeerde dat ik sociaal zou mislukken. Daarom denk ik ook dat het belangrijk is dat depressie wordt ontdekt bij mensen met autisme/asperger. Hoe dan ook, ik keek alleen maar naar dat meisje en hoopte dat dat meisje op wie ik verliefd was op een of andere magische wijze zou begrijpen wat ik voelde en dan naar me toe zou komen. Natuurlijk was het enige wat ze zag een jongen die haar aan staarde. Als ik ouder was geweest, zou dat waarschijnlijk opgevat zijn als ongewenste intimiteiten. Ik geloofde in elk geval dat als ik ervoor kon zorgen dat dat meisje me leerde kennen en ze seks met me zou hebben, me dat normaler zou maken. Niet normaal in de zin dat ik iets had gedaan wat normaal was, maar eerder dat het een soort transformatieproces zou zijn, waardoor ik van binnen zou veranderen en niet meer zo vreemd zou zijn. Ik deed nooit iets om die meisjes te benaderen, in die tijd kon ik niet eens naar de bibliotheek om boeken te lenen uit angst dat ik om de een of andere manier gedwongen zou zijn met de bibliotheekmedewerkers te praten. Als ik nu terugkijk, denk ik eigenlijk niet dat het met seksualiteit te maken had. Ik was gewoon ontzettend wanhopig en pijnlijk eenzaam. En seks hebben stond symbool voor contact tussen mensen, waar ik wanhopig naar verlangde.

Mijn punt is dat een relatie of seks je problemen niet automatisch op zullen lossen en als je asperger hebt, is het niet eenvoudig te weten hoe je andere mensen benadert. Ik heb nog steeds geen seksuele relatie gehad. Maar ik heb stukje bij beetje geleerd mezelf te accepteren zoals ik ben en ik kwam uit de depressie, pas daarna was ik geloof ik klaar om te proberen een relatie te hebben, maar zoals ik al zei, is dat nog niet gebeurd.

Een andere man van halverwege de dertig vertelt dat hij nooit met een vrouw naar bed is geweest. Hij zegt dat hij somber wordt als hij bedenkt dat alle romantische ervaringen die hij gedurende zijn hele leven heeft gehad bij elkaar opgeteld minder dan dertig minuten duren en dat die gedachte erg moeilijk te verdragen is. Hij zegt met nadruk dat hij het háát dat hij nooit seks heeft gehad met een vrouw.

Een aantal van de mannen die ik heb geïnterviewd, heeft weinig, en in een paar gevallen helemaal geen seksuele contacten gehad. Enkele vrouwen vertellen echter dat ze veel seksuele contacten hebben gehad. Het is niet moeilijk te bedenken dat het voor mannen met het aspergersyndroom moeilijker is om een partner te ontmoeten omdat er van hen verwacht wordt dat ze het initiatief nemen, terwijl vrouwen passiever mogen zijn. Aan de andere kant is er de tegenovergestelde observatie dat er in de bevolking meer vrouwen bereid zijn om met een wonderlijke man samen te leven dan andersom. Dat wordt bevestigd doordat het overgrote deel van de leden van de organisatie FAAS[4] vrouwen zijn die zelf geen autisme of asperger hebben, maar een relatie hebben met een man met een autistische stoornis.

Een aantal vrouwen dat in de interviews vertelt dat ze veel seksuele contacten hebben gehad zegt dat ze, in hun puberteit, seksueel misbruikt zijn door jongens van hun leeftijd en ouder. Ze begrepen niet goed wat een 'vriendje' eigenlijk inhield en konden de situatie niet goed interpreteren. Vaak hebben ze pas veel later begrepen dat ze misbruikt werden.

Een vrouw met autisme begreep dat ze misbruikt werd, maar kon het niet voorkomen:

De jongens lokten me het bos in en misbruikten me. Ik had het gevoel dat ze dachten dat je 'dat met haar kan doen omdat ze toch achterlijk is'.

Sommige geïnterviewden brengen ter sprake dat er vanuit de omgeving druk bestaat om een relatie te hebben. Een aantal heeft het gevoel dat je een relatie moet hebben om 'mee te tellen', dat het een soort bewijs is dat je door de maatschappij bent goedgekeurd. Anderen vinden het op zich prima om zonder partner te leven, maar vinden het vervelend als bijvoorbeeld oudere familieleden of anderen in de omgeving die niet op de hoogte zijn van de diagnose of het niet begrijpen, bij elke ontmoeting vragen of ze al iemand hebben.

Een vrouw komt met de kwestie hoe en wanneer je iemand vertelt dat je het aspergersyndroom hebt. Ze heeft via contactadvertenties naar een man gezocht en is van mening dat ze in de advertentie niet kan vermelden dat ze het aspergersyndroom heeft, omdat dat mannen af zal schrikken. Maar als ze dan iemand ontmoet heeft, hoe en wanneer moet ze dan over haar diagnose vertellen?

Een aantal hulpverleners vertelt dat sommige mannen met het aspergersyndroom een verschrikkelijke visie op vrouwen hebben. Ze kunnen bijvoorbeeld zeggen 'ik wil een vrouw met lang blond haar die altijd eten kookt en het huis schoonmaakt'. Een van de psychologen die ik sprak, is echter van mening dat zulke uitlatingen gezien moeten worden als een onvolwassen manier om orde te creëren in iets wat niet begrepen wordt:

> Veel mensen met het aspergersyndroom vinden het moeilijk om vragen te stellen over dingen die hun verbazen, ze weten niet hoe je daarnaar moet vragen. Ik denk dat deze opvattingen een manier kunnen zijn om te zeggen 'Ik wil weten hoe vrouwen horen te zijn en hoe mannen horen te zijn'. Je kan dit in feite zien als een stadium in de ontwikkeling, het heeft te maken met denken en de ontwikkeling van het den-

ken. Mijn taak als psycholoog is mensen te helpen de consequenties te zien van de opvattingen die ze hebben. Natuurlijk mag hij dat vinden, maar het gevolg kan zijn dat hij niet erg populair is bij vrouwen.

Een partner hebben

Tegenwoordig weet men dat er in feite een heel aantal mensen met het aspergersyndroom en hoog functionerend autisme een relatie heeft. In Engeland is er bijvoorbeeld een huwelijksadviesbureau, Relate Coventry,[5] dat zich onder meer gespecialiseerd heeft in hulp aan paren van wie een van de twee een autistische stoornis heeft. De Engelse vereniging voor autisme heeft het boekje uitgegeven, *The other half of Asperger syndrome* van Maxine C. Aston. Daarin worden veel kwesties uit het dagelijkse leven behandeld over het samenleven met iemand met het aspergersyndroom.

Een aantal geïnterviewden heeft of had een relatie. Sommigen van hen hebben ervaring met 'andersoortige' relaties en hebben gemerkt dat hun omgeving daar wat sceptisch op reageert. Twee vrouwen hebben een relatie met een man die meer dan dertig jaar ouder is dan zijzelf. Een van de vrouwen ziet haar vriend maar eens in de veertien dagen. Ze vertelt:

> Anderen zeggen dat het geen 'echte relatie' kan zijn en 'je snapt toch wel wat hij van je wilt'. Maar deze gang van zaken is voor mij heel prettig.

Twee van mijn gesprekspartners hebben tweeënhalf jaar een relatie met elkaar. Ze zijn negentien en achttien en hebben elkaar leren kennen op de middelbare school in een speciale klas voor leerlingen met het aspergersyndroom. Hij vertelt:

Het begon ermee dat we elkaar brieven schreven. Ik schreef als eerste. En toen spraken we voor de eerste keer af om samen iets te doen buiten school en kregen verkering. Ik voelde de liefde het eerst, zij voelde het na een tijdje. Ik merk wel dat we een beetje ongewoon zijn. In korte tijd hebben we het samen ontzettend leuk gekregen. Het is handig dat we alle twee asperger hebben, we begrijpen elkaar. Bijvoorbeeld dat we er allebei niet tegen kunnen om bepaalde woorden te horen. Anderen vinden dat raar. Maar wij begrijpen het. Er zijn ook nadelen, je bent beperkt door een handicap. Zij heeft het erger dan ik. Mijn ouders waren ook blij, ze vinden dat we heel goed bij elkaar passen. Mijn moeder kende haar al voordat het begon.

Een vriendinnetje is goed voor je zelfvertrouwen. Dat is fijn, want vroeger werd ik veel gepest, op de kleuterschool en later in de klas en tijdens een zomerkamp.

Het gaat goed met ons samen, we hebben geen echte problemen. Maar als we problemen krijgen, kunnen we elkaar brieven schrijven. Ik was van plan om naar een jongereninformatiecentrum te gaan, maar het is er nog niet van gekomen.

Zijn vriendin vertelt:

Er is wel iets waarin we anders zijn dan andere stellen van onze leeftijd. We zien elkaar minder vaak en alleen overdag. We hebben nog nooit bij elkaar geslapen. Ik voel me veilig als ik alleen slaap. Maar misschien zouden we een keer in hetzelfde huis kunnen slapen. En we hebben meer volwassenen in de buurt dan andere jongeren. Mijn moeder maakt zich te veel zorgen om me. Soms wil ik zelf verantwoordelijkheid nemen en dingen doen waarvan mijn moeder zegt dat ze niet mogen. Hij is mijn eerste vriendje. Het is moeilijker om iemand te vinden als je het aspergersyndroom hebt. Zeven jaar geleden zocht ik naar vrienden, maar dat was moeilijk. Ik was bang om contact te zoeken. Ik wil ook op mezelf blijven, ik wil niet samenwonen. Mijn vriendje vindt dat ik net elf ben, geen achttien. Ik ben kinderlijk. Ik vind het lastig om niet aan mensen te zitten, maar ik wil het niet doen, zodat ik volwassener overkom.

Ik praat met mijn moeder als ik het nodig heb, maar soms praat ze te veel. Ik vind het sneu voor mezelf. Moeders van meisjes met een handicap praten veel met ze.

Dit koppel heeft assistentie voor hun relatie. De assistent van de jongen werkt nu ook een paar uur per week met het meisje. Op die manier worden ze geholpen met het organiseren van hun ontmoetingen. Zonder die hulp zou de praktische kant van hun contacten, bijvoorbeeld om in de stad af te spreken of op hetzelfde moment op dezelfde plek te zijn, te ingewikkeld worden.

Hier ligt wellicht een nieuwe rol voor hulpverleners, een rol die nog ongebruikelijk is. Een *remedial teacher* van een school voor buitengewoon onderwijs vertelt hoe ze een van haar leerlingen met autisme heeft geholpen om zijn vriendinnetje te zien:

> Ze hebben elkaar in een andere stad leren kennen op een bijeenkomst voor mensen met een verstandelijke beperking en autisme. Zowel wij als haar verzorgers zagen dat ze elkaar aardig begonnen te vinden. Ze hielden elkaars hand vast, stonden dicht bij elkaar en waren de hele tijd samen. Nu helpen we ze om elkaar te zien. Als we dat niet zouden doen, zouden ze het zelf niet kunnen regelen. Ze wonen in verschillende steden en zijn vanwege hun verstandelijke beperking niet in staat elkaar op te bellen.

Het zijn dus niet alleen mensen met hoog functionerend autisme en het aspergersyndroom die liefdesrelaties hebben. Uit de interviews blijkt dat ook mensen met autisme en een verstandelijke beperking relaties hebben en zich bewust zijn van en denken over een partner. Een moeder van een zestienjarig meisje met autisme en een lichte verstandelijke beperking vertelt:

Haar grote zus, die niet autistisch is, had eerder een vriendje. Hij groette onze dochter met autisme altijd. Ze groette niet terug. Ik zei tegen hem dat hij gewoon door moest gaan haar te groeten. Na een half jaar 'bestond' hij, en hij heeft later ook een tijdje als haar assistent gewerkt. Nu zegt ze dat hij 'haar vriendje' is. Soms zegt ze ook dat ze 'verliefd op hem is' en als we haar vragen wat dat betekent, dan zegt ze 'iemand heel lief vinden'.

Een moeder van een meisje met autisme en een lichte verstandelijke beperking vertelt over haar dochter die kort geleden in de bovenbouw van de middelbare school is begonnen:

> Ze heeft nu in zekere zin een vriendje, hij heeft een ernstiger verstandelijke beperking dan zij. Ik ben ervan overtuigd dat ze om hem geeft, maar soms vind ik het moeilijk me voor te stellen op welk niveau en op welke manier. Soms heb ik de indruk dat het belangrijkste is om anderen te laten zien dat ze een vriendje heeft, maar ik weet het niet zeker. Over seks zegt ze dat ze het zich niet voor kan stellen, maar dat het misschien nog komt. Hij is blijven slapen, maar ze stelde uitdrukkelijk dat hij op een matras op de grond sliep.

Ik heb ook een stel geïnterviewd, hij is 38, zij 31 en beiden hebben de diagnose asperger. Dit vertellen ze over hun relatie:

> Hij: Ik was vroeger erg depressief. Ik dacht dat het onmogelijk was dat een relatie met een vrouw zou slagen. Ik had het opgegeven.
> Zij: Ik had het ook opgegeven. Ik had eerder wat pogingen gedaan, ik wilde graag iemand vinden, maar er leken geen mogelijkheden voor me te zijn.
> Hij: Ik weet niet of een relatie anders is als beide partners het aspergersyndroom hebben, ik kan namelijk nergens mee vergelijken. Maar ik denk dat het makkelijker is om zomaar

samen te zijn; we zijn bijvoorbeeld niet steeds bezig om de stilte van de ander te duiden. Het is prima om gewoon stil te zijn.

Zij: Ik denk dat we rijper zijn. We hebben meer moeten vechten en nadenken. We weten wie we zijn. Maar het aspergersyndroom beïnvloedt ons dagelijks leven behoorlijk. We kunnen alle twee niet organiseren. Dat betekent ook dat we geen tijd hebben voor een persoonlijke machtsstrijd of zoiets, we vechten al om het dagelijks leven te kunnen leiden.

Hij: Ik heb dyspraxie. Wat praktische zaken betreft heb ik het niveau van een tienjarige.

Zij: Ja, die emancipatoire zaken worden daar anders door. Hij kan bepaalde dingen niet en daarom moet ik ze gewoon doen.

Een jonge vrouw met het aspergersyndroom vertelt over het hebben van een relatie:

> Op school werd ik ontzettend gepest. Ik wilde graag meedoen aan dingen zoals verkering vragen, maar iedereen zei natuurlijk nee, dus ik kon toen geen ervaring opdoen. Ik had een wat late emotionele ontwikkeling, maar tegelijkertijd werd ik beïnvloed door mijn omgeving, zoals anderen die verkering vroegen en zo. Uiteindelijk kwam ik mijn eerste vriendje tegen en het is natuurlijk helemaal niet moeilijker om gevoelens van liefde te hebben als je het aspergersyndroom hebt, maar ook het sociale telt. Hoe vaak zie je elkaar? Dat stuk is nog steeds lastig bij relaties. Wat word je geacht te doen? Hoeveel moet je je aanpassen aan de ander? Hoe weet je wat de intenties van anderen zijn – menen ze wat ze zeggen? Dat soort dingen kan ook moeilijk zijn voor mensen die geen asperger hebben, maar als je asperger hebt, is het nog moeilijker.

En een andere vrouw vertelt dat ze waarschijnlijk te eerlijk is in relaties, en dat het moeilijk is om te weten wat je wel en niet kunt zeggen. Over haar eerste seksuele ervaring vertelt ze het volgende:

> Ik was zestien en kwam bij het metrostation een jongen tegen. Ik ging met hem mee naar huis. Bij hem thuis stelde hij voor naar de slaapkamer te gaan. Ik begreep absoluut niet wat dat betekende. Ik dacht dat we daar zouden kletsen. Sindsdien ben ik niet meer met iemand mee naar huis gegaan.

Een gescheiden man van halverwege de vijftig met het aspergersyndroom zegt:

> Mijn vrouw onderhield alle sociale contacten, ze was mijn begeleider en persoonlijk assistent. Nu is er niemand met wie ik mijn leven deel. Ik vind het onsympathiek dat ik dit leven leid, maar ik weet tenminste hoe het moet. Ik zou willen dat er mensen waren die me accepteren zoals ik ben. Ik ben het vermogen om contact met vrouwen te leggen verloren. Ik weet niet hoe het moet. Toen ik jong was, was ik nog tamelijk knap, dat ben ik nu ook al niet meer.

Veel geïnterviewden vertellen dat ze laat waren met hun emotionele ontwikkeling en hun belangstelling voor relaties. Een vrouw met autisme van begin vijftig:

> Ik was laat in mijn ontwikkeling, als zestienjarige was ik een jaar of tien. De eerste keer was iets totaal vreemds. Ik was toen tweeëntwintig en ik wilde eigenlijk niet. Maar hij was op me gesteld op een manier die bepaald ongewoon voor me was. Ik was net een klein kind. En van die puberverliefdheden op popsterren, die had ik toen ik dertig was. Het duurde lang voordat ik mijn man echt zag, voordat ik doorhad dat hij in werkelijkheid bestond. Hij was een jongen met wie ik iets had bij gebrek aan beter. Ik leerde hem kennen toen ik 28 was. We verloofden ons en trouwden. Het betekende meer voor hem dan voor mij. Ik kan er verdrietig van wor-

den als ik bedenk hoe ik me tegenover hem heb gedragen. Tegenwoordig kan ik niet zonder hem.

Een 38-jarige man met asperger vertelt:

> Ik vang de signalen niet op. Vijf jaar geleden stond ik met een vrouw te praten in de rij voor een taxi en plotseling liet ze me haar borsten zien. Ik dacht: waarom doet ze dat? Ik begreep niet dat dat een soort signaal was.

Het merendeel van de geïnterviewden met ervaring met relaties zegt dat seksualiteit in een relatie weliswaar problemen kan opleveren, maar dat die meestal niet zo groot zijn dat ze onoverkomelijk blijken. Een man zegt:

> Wat seksualiteit betreft hebben we wel wat problemen met de perceptie van aanrakingen, maar we vinden wel manieren om daarmee om te gaan.

Zijn partner zegt:

> Ik heb erg veel moeite met aanrakingen. Dat zorgt seksueel gezien voor beperkingen, maar het belangrijkste is dat mijn partner het niet persoonlijk opvat als ik terugdeins. Voor de meeste mensen blijkt het erg moeilijk om dat soort dingen niet persoonlijk te nemen, dus ik heb me op een bepaalde manier afgeschermd voor andere mensen. Maar de man met wie ik nu samen ben begrijpt het.

Een paar geïnterviewden noemt ook motorische problemen. Een man zegt:

> Ik vind het moeilijk in te schatten hoe hard ik iets vastpak, daardoor ben ik soms te hardhandig.

Een van de geïnterviewden vertelt dat de onhandige motoriek ervoor zorgt dat je je ook seksueel onhandig voelt en dat problemen met automatisering ervoor zorgen dat herhaalde motorische bewegingen, zoals bij geslachtsgemeenschap, verschrikkelijk lastig kunnen zijn en veel energie kosten. Daardoor wordt het moeilijk om tegelijkertijd te genieten, of het überhaupt te kunnen.

Een jonge vrouw met het aspergersyndroom vertelt:

> Ik heb in alle situaties vreselijk grote problemen met mijn motoriek. Logisch dat dat ook invloed heeft op je seksleven. Je kan bijvoorbeeld geen verschillende dingen proberen, omdat je dat motorisch gezien niet kunt. Zelfs als ik het zou kunnen, dan is het zo ingewikkeld dat het de moeite niet waard is. Als je motorisch niet goed functioneert, moet je je spieren meer onder controle houden en dan is het vrij lastig om tegelijkertijd te ontspannen. Ik heb ook problemen met aanrakingen, ik kan erg slecht tegen kietelen en dan zijn zachte aanrakingen vervelend, maar jongens vinden het niet leuk om je hard aan te raken.

Bijna alle geïnterviewde vrouwen met een diagnose binnen het autismespectrum, zeggen dat ze heel kittelig zijn. Het is opvallend dat ook twee mannen met wie ik heb gesproken, die een relatie hebben met een vrouw met een autistische stoornis, vertelden dat hun vrouwen zo kittelig zijn en dat dat problematisch is in intieme situaties.

Een aantal mensen met het aspergersyndroom zegt dat alleen de gedachte aan iemand zoenen al ondraaglijk is. Ook als mensen verlangen naar tederheid en menselijke warmte, is de gedachte dat dit tot uitdrukking zou komen in lichamelijk contact zoals zoenen afschuwelijk.

Een vrouw zegt:

> Het was waardeloos om met jongens naar bed te gaan. Ik werd verliefd op voorwerpen en vormen, niet op jongens.

Een man vertelt dat het een probleem is om zo'n gering voorstellingsvermogen en zo weinig fantasie te hebben, hij heeft begrepen dat dit voor andere mensen belangrijk is bij seks, bijvoorbeeld bij zelfbevrediging, maar hij zegt dat hij zich sowieso niets kan voorstellen in zijn fantasie. Zich een naakte vrouw inbeelden of seksuele fantasieën hebben met behulp van zijn voorstellingsvermogen, is voor hem dus niet mogelijk.

HOOFDSTUK 4

Ouderschap

Het staat als een paal boven water dat de meerderheid van de mensen met een stoornis binnen het autismespectrum geen kinderen krijgt, maar bij de groep mensen met het aspergersyndroom blijkt het niet zo ongebruikelijk als je op basis van de bestaande literatuur zou verwachten. Maar vormt het aspergersyndroom een belemmering om kinderen te krijgen? Zijn mensen met het aspergersyndroom vanwege hun stoornis slechte ouders?

Een hoogleraar psychologie die veel met volwassenen met het aspergersyndroom werkt en tevens deelneemt aan beoordelingen waar sociale instanties bij betrokken zijn en daarnaast betrokken is geweest bij voogdijzaken zegt het volgende:

> Nee, je kan niet zeggen dat het aspergersyndroom op zichzelf betekent dat iemand het ouderschap niet aan zal kunnen. Een aantal mensen met asperger blijkt echter niet in staat om voor kinderen te zorgen. Als er problemen ontstaan, komt dat bijvoorbeeld doordat bepaalde behoeften van kinderen – vaak zijn dat emotionele behoeften – niet begrepen worden. De lichamelijke behoeften worden over het algemeen beter begrepen, maar soms wordt aangeno-

men dat het genoeg is als kinderen eten, kleren enzovoort krijgen, en wordt de behoefte aan intimiteit niet begrepen. Het kan problematisch zijn dat ouders met het aspergersyndroom er moeite mee hebben om advies van de omgeving aan te nemen... alhoewel, als ik er langer over nadenk, geldt dat natuurlijk niet alleen voor ouders met het aspergersyndroom. En we moeten niet vergeten dat de ouders met wie ik in contact kom nu net de ouders zijn die problemen hebben.

Er is ongetwijfeld een grote groep mensen met asperger die het ouderschap prima aan kan. Neem bijvoorbeeld de ouders die pas een diagnose krijgen als hun kind een diagnose krijgt en ze de problemen bij zichzelf herkennen. Maar dat is waarschijnlijk niet een groep die vergelijkbaar is met de groep die zelf hulp zoekt vanwege hun problemen. De eerst genoemde groep heeft vermoedelijk een lichtere vorm van asperger.

Als ik word ingeschakeld bij een vraag of een ouder met het aspergersyndroom het kind kan houden, speelt de diagnose geen rol. Waar het om gaat, is dat ze de behoeften van kinderen begrijpen. Soms ziet het maatschappelijk werk het probleem niet juist, bijvoorbeeld als de moeder autistisch is. Dan denken ze misschien dat het kind laat is met praten doordat de moeder het niet stimuleert, maar het kan net zo goed een erfelijke kwestie zijn.

Helaas zijn er veel negatieve attitudes tegenover handicap en ouderschap in het algemeen. De steun aan ouders met deze problematiek is zelfs nog minder dan aan ouders met een lichamelijke handicap.

Bij de interviews met mensen die zelf een autistische stoornis hebben, komen verschillende soorten gedachten over en ervaringen met ouderschap naar voren. Sommige geïnterviewden kunnen zich absoluut niet voorstellen kinderen te krijgen. Een meisje van negentien (met vriendje) wil nooit van haar leven kinderen:

> Ik wil alleen wonen. Het is lekker rustig om alleen te zijn. Kinderen schreeuwen en maken herrie.

Een twintigjarige jongeman met het aspergersyndroom zegt simpelweg dat hij niet van kinderen houdt, terwijl een vrouw van 23 met het aspergersyndroom het als volgt uitlegt:

> Ik zie er de zin niet van in. Ik zie alleen maar een extra iemand met wie je rekening moet houden. Je moet bijvoorbeeld compromissen sluiten, daar ontkom je niet aan. En ik houd niet van compromissen. Ik wil niet trouwen en kinderen krijgen. Mijn zussen hebben kinderen, dus die leveren ons aandeel al. Maar eigenlijk is het moeilijk te zeggen. Misschien word ik op een dag verliefd en ontdek ik waar het allemaal goed voor is... dat zou natuurlijk wel interessant zijn.

Een aantal van deze hoog functionerende mensen die geen kinderen willen, vertelt dat het net als bij partners tot druk of vragen van familieleden kan leiden (over waarom iemand geen kinderen heeft).

Een oudere vrouw kreeg de diagnose autisme als klein kind, tegenwoordig is ze al jaren getrouwd en heeft ze werk. Ze vertelt het volgende over het krijgen van kinderen:

> Vroeger wilde mijn tante zich ermee bemoeien. Ze vond dat ik kinderen moest nemen, maar dat sloeg nergens op. Ik verlang niet naar kinderen en in een aantal gevallen heb ik een hekel aan ze. Ik ben mijn hele jeugd erg gepest door kinderen en zelfs als kinderen lief zijn, kan ik daar niet mee omgaan. Op school duwden de meisjes me bloot uit de kleedkamer en hielden daarna de deur dicht. Ik maak me dus geen illusies over hoe kinderen zijn. Ik zou geen geduld hebben met een kind.

Ook bij mensen met autisme en een lichte verstandelijke beperking kunnen kinderen een actueel onderwerp zijn.

Een hulpverlener vertelt:

> We kwamen een vrouw tegen die kindergeschreeuw haatte en doodsbang was dat ze 'baby's moest krijgen'. Ze dacht dat dat verplicht was en was heel opgelucht toen ze te horen kreeg dat ze geen kinderen hoefde te krijgen.

Een pleegmoeder van een dertigjarige vrouw met autisme en een lichte verstandelijke beperking vertelt dat ze gesprekken hebben gevoerd over ouderschap:

> 'Zou ik een kindje kunnen krijgen?' vroeg ze me op een dag. 'Ja, je zou heel goed een kindje kunnen krijgen. Maar zou je er ook voor kunnen zorgen en het kunnen houden?' antwoordde ik. 'Ik zou er toch lief voor zijn,' zei ze. 'Ja, maar als kinderen groot worden, dan hebben ze meer nodig dan alleen iemand die lief voor ze is,' antwoordde ik.
>
> Toen was het gesprek afgelopen, maar een tijdje later sneed ze het onderwerp weer aan. 'Wat zou er gebeuren als ik niet voor mijn kind kon zorgen?' vroeg ze. 'Dan zou er hetzelfde gebeuren als met jou, dan zou iemand anders voor het kind moeten zorgen,' zei ik toen. 'Maar dat geeft niets,' antwoordde ze.
>
> Daarna zweeg ze een tijd over kinderen, maar later kwam ze er op terug. 'Als ik een kind kreeg, zou het dan net zo worden als ik?' vroeg ze toen. Dat wil zeggen dat ze zich afvroeg of haar kind ook autistisch zou zijn. 'Ja, misschien wel,' zei ik. 'Maar dat geeft niks, want ik zou het toch lief vinden,' antwoordde ze. 'Ja, dat denk ik ook,' zei ik. 'Maar het is wel moeilijker om de moeder te zijn van een kind met autisme.'
>
> Het is een proces. Ze zal zeker op het onderwerp terugkomen. Het is belangrijk dat we het erover hebben en dat ze deze vragen kan stellen. In mijn hart hoop ik dat ze geen kinderen zal krijgen, maar dat kan ik niet tegen haar zeggen.

Het is belangrijk dat de persoon tijd krijgt om dit proces door te maken. Maar niet iedereen heeft zulke begripvolle ouders. Een vrouw met autisme nam contact met me op omdat ze wanhopig was omdat haar moeder haar verboden had kinderen te krijgen. Het was vermoedelijk zowel voor haarzelf als haar moeder een moeilijke situatie. Ik heb haar alleen telefonisch gesproken en zou niet kunnen zeggen of ze het aan zal kunnen om kinderen te hebben. Maar het feit dat ze autistisch is, maakt haar hoe dan ook kwetsbaarder. Een andere vrouw van 25 wier moeder zulke ideeën had, zou wellicht met haar moeder willen breken. Maar voor iemand met autisme die vaak afhankelijker is van zijn of haar familie, kan zo'n stap knap lastig zijn. Misschien vreest haar moeder dat zij in de praktijk voor haar kleinkind moet zorgen en 'verbiedt' ze het daarom. Maar een discussie over wat er nodig is voor een kind, en de vrouw laten nadenken over de verschillende aspecten van het ouderschap zou waarschijnlijk voor beide partijen beter zijn.

Zoals eerder gezegd kan het ook een kwestie van de houding van de omgeving zijn in plaats van wat de persoon nu echt kan. Een hulpverlener vertelt:

> Ik ken een jong stel van wie beiden het aspergersyndroom hebben. Ik ben ervan overtuigd dat ze uitstekende ouders zouden zijn. Ze hebben alle twee een goed inzicht in hun stoornis en zijn al lang bij elkaar. Maar mensen in hun omgeving zeggen soms tegen hen 'ja, ja, het is natuurlijk fijn dat jullie elkaar ontmoet hebben, maar jullie willen toch geen kinderen, met jullie asperger.'

Een hoogleraar psychologie vertelt ook dat ze vrouwen met het aspergersyndroom heeft gesproken met kinderen en die zich daardoor geholpen voelen:

> Ze hebben het gevoel dat ze gedwongen worden mee te doen in de wereld en sociaal te zijn, en dat het noodzakelijk is geworden om meer tederheid en warmte te tonen.

Zoals ik al eerder schreef, zijn er mensen met autisme en asperger die kinderen krijgen. Ik heb een stel en een moeder geïnterviewd over het onderwerp kinderen. De vrouw is dertig en heeft een dochter van zes. De dochter heeft geen asperger. De moeder kreeg de juiste diagnose pas toen ze 28 was, nadat ze een groot aantal andere psychiatrische diagnoses had gekregen, waaronder 'borderline', MSD en een paar andere persoonlijkheidsstoornissen. De man met wie ze het kind heeft, had ze leren kennen via een contactadvertentie en ze zijn tegenwoordig gescheiden co-ouders. Ze heeft de man niet verteld dat ze de diagnose asperger heeft, omdat ze betrokken is bij een voogdijzaak en ze denkt dat hij er misbruik van zou maken. Over zichzelf als moeder zegt ze:

> Je denkt uiteraard 'voldoe ik eigenlijk wel?' maar ik heb daar goede redenen voor. Ik heb veel gelezen over hoe je het aan moet pakken en ik geloof dat ik in sommige dingen heel goed ben. Ik hou bijvoorbeeld van spelen, de vriendinnetjes van mijn dochter vinden ook dat ze een fantastische moeder heeft die veel tijd aan meespelen besteedt. Anderen vinden me kinderachtig, maar dat is ook een pluspunt. Wat is belangrijker: de bus halen of wormen redden uit een plas? Ik geef de prioriteit aan de dingen die kinderen doen. Ik zit niet zo vast in de rol van een volwassene. En ik besteed veel tijd aan praten. Ik leg uit hoe het zit, rechttoe, rechtaan.

Ze is verder van mening dat ze geen hulp nodig heeft bij de ouderrol op zich, maar wel bij andere zaken, zoals hygiëne, de was en schoonmaken. Het vervelende van de diagnose asperger was dat een aantal mensen haar geschiktheid voor het ouderschap daardoor in twijfel trokken, hoewel haar problemen niet op dat vlak liggen. Op het moment krijgt ze van haar ouders flink wat hulp met praktische zaken:

Ik woon bij mijn ouders, in mijn eigen gedeelte van het huis. Veel mensen vinden het vreemd dat je dertig bent, een kind hebt en bij je ouders woont, maar voor mij gaat dat prima. Ik heb mijn dochter niet verteld dat ik het aspergersyndroom heb, ik vind dat ze daar te jong voor is. Ik ben wel een paar keer opgenomen in het ziekenhuis en dat weet ze en ik maak haar heel goed duidelijk dat dat niet haar schuld is.

Ik ben ontzettend impulsief en ik heb veel last van paniekaanvallen, maar tijdens mijn zwangerschap en de borstvoeding ging alles veel beter. Nu heb ik medicijnen tegen epilepsie en ook antidepressiva helpen.

De twee met een relatie, hebben allebei een diagnose binnen het autismespectrum en ze hadden die diagnose al voor ze samen een kind kregen. Ze komen uit verschillende landen en hebben elkaar leren kennen via een netwerk voor mensen met autisme/asperger. Ze zijn beiden tussen de dertig en de veertig. Hun dochter was ten tijde van het interview een jaar.

De vrouw vertelt dat ze opzag tegen het contact met het consultatiebureau en het ziekenhuis. Ze heeft soms problemen met aanrakingen. Ze vond dat ze tijdens de bevalling geen begrip hadden voor haar manier van communicatie, bijvoorbeeld dat als ze om hulp vroeg, ze die ook direct nodig had:

> Als het druk wordt om me heen, verlies ik het vermogen om nee te zeggen. Dan weet ik niet eens meer wat ik wil. Een bevalling is uiteraard zo'n situatie en ze bleven maar dezelfde vragen stellen.

De man zegt:

> Het is vervelend dat ze steeds aan je zitten. Ten slotte reageer je daar dan op. Bijvoorbeeld door te exploderen. Wij waren buitenbeentjes op de kraamafdeling. Je kon merken dat ze niet wisten hoe ze met ons om moesten gaan.

Over ouderschap zeggen ze:

> Ouder zijn, dat is de makkelijke kant – de moeilijke kant is om te gaan met overheidsinstanties, om binnen het systeem te navigeren. Daar zijn we helemaal niet goed in.
> Onze behoeften zijn eigenlijk dezelfde als die van een klein kind, we willen een rustig en veilig bestaan. En onze dochter heeft regelmatige patronen nodig, wat erg prettig voor ons is. Bovendien geeft ze het heel duidelijk aan als ze iets nodig heeft. Maar dat zal misschien moeilijker worden als ze ouder is.

De vrouw voegt eraan toe:

> Het geluidsniveau kan een probleem zijn. Haar vader is heel gevoelig voor geluiden. Ik ben er een beetje bang voor hoe het zal gaan als ze groter wordt. Ze kan namelijk niet altijd krijgen wat ze wil en dan zal ze moeten huilen, dat is vervelend voor haar vader. Vermoeidheid kan soms ook problemen geven. Het ergste is het als we allebei moe zijn. Ik kan er wel tegen om haar te laten huilen, maar haar vader kan haar gehuil niet verdragen en als ze 's nachts huilt, kan hij natuurlijk niet naar buiten gaan.

Net zoals de eerdergenoemde moeder, vinden ze niet dat ze hulp nodig hebben bij de ouderrol, wel financiële hulp. Ze krijgen hulp die hen ontlast, met eenmaal per week oppas van een gemeentelijke instantie. Volgens de vrouw is er niet meer nodig:

> Ze gaat ook naar een kinderdagverblijf en als we nog meer ontlast werden, zou ik haar niet vaak genoeg zien. Wat we wel nodig hebben, is financiële hulp, maar dat is moeilijk uit te leggen aan overheidsinstanties. Ze begrijpen niet wat het aspergersyndroom is en welke problemen je daardoor kan hebben. Ik ben bijvoorbeeld een tijdlang ziek geweest. En haar vader heeft weliswaar een heel hoog theoretisch IQ,

maar praktisch gezien functioneert hij als een tienjarige. Hij kan geen eten koken. Dus toen ik ziek was, waren we genoodzaakt kant-en-klaarmaaltijden te eten, daardoor kwamen we financieel in de problemen. We hebben allebei geen werk en haar vader raakte zijn arbeidsongeschiktheidsuitkering kwijt toen hij emigreerde. Maar hoewel het soms moeilijk is, bijvoorbeeld financieel, is mijn dochter een beloning op zich; ze is heel fijn gezelschap, ze is van nature zo vrolijk.

De dochter van dit stel is doordat ze twee ouders met een stoornis heeft interessant voor onderzoeksdoeleinden. Om de drie maanden sturen ze een videofilm van hun dochter naar Engeland en daar wordt haar ontwikkeling gevolgd door Engelse onderzoekers. Het onderzoek gaat onder meer over vroege tekenen van autisme. Op eenjarige leeftijd konden ze die nog niet ontdekken. Over de mogelijkheid dat hun kind autisme zou hebben, zeggen ze:

> We gaan er bijna van uit dat er zodra ze naar school gaat problemen aan het licht komen, als het al niet eerder gebeurt. In beide families zijn er meerdere mensen met autisme of trekken van het aspergersyndroom en in een van onze families komt ook bij meerdere mensen dyslexie voor. Maar mocht ze autistisch blijken te zijn, dan denken we dat we een autismevriendelijke omgeving voor haar hebben om in op te groeien.

Over wanneer en hoe ze haar over hun eigen diagnoses zullen vertellen, zegt de moeder:

> Ik denk dat ze er op een natuurlijke manier in zal groeien. We zijn immers actief in de nationale autismevereniging en in een informeel netwerk voor mensen met het aspergersyndroom, daardoor zal het voor haar waarschijnlijk een vanzelfsprekend aspect van de wereld zijn.

Als positief aspect van het ouderschap noemt de moeder ook dat een kind krijgen ervoor gezorgd heeft dat ze dichterbij haar eigen ouders, broers en zussen is gekomen. Ze zegt:

> Vroeger was er niets in mijn leven wat ze konden begrijpen of waar ze iets mee hadden, maar nu zijn ze erachter gekomen dat ik ondanks alles een mens ben.

De man vult aan:

> Mijn moeder zegt dat ze trots op me is, nu ik een kind heb. Dat voelt goed, want in mijn jeugd had ik niet het gevoel dat ik erg veel waard was.

DEEL TWEE

Seksualiteit

HOOFDSTUK 5

Wat is seksualiteit?

Het is niet eenvoudig om seksualiteit te definiëren, er zijn verschillende manieren om ernaar te kijken. Sommigen zien seksualiteit als niet meer dan een aangeboren biologische drift die we min of meer kunnen leren beteugelen, anderen menen dat seksualiteit een sociale constructie is, dat wil zeggen, cultureel aangeleerd gedrag. De meesten nemen echter een middenpositie in, dat wil zeggen dat zowel aangeboren biologische voorwaarden als aangeleerd gedrag een rol spelen.

Als je seksualiteit bekijkt vanuit het autismeperspectief, is het duidelijk dat ten minste een deel van seksualiteit aangeleerd is. Er is een soort culturele overeenkomst over welke handelingen als seksueel worden beschouwd. Mensen met autisme leren sociale zaken niet op dezelfde manier als anderen, zo weten we bijvoorbeeld dat de vroege behoefte om belevenissen met anderen te delen vaak ontbreekt en dat kinderen met een autistische stoornis minder belangstelling of talent hebben voor na-apen dan andere kinderen. Zo bezien is het niet vreemd als ook het seksuele leerproces anders verloopt. Dit kan natuurlijk verschillende gevolgen hebben.

Eén gevolg is dat gedrag van iemand met autisme opgevat kan worden als seksueel, terwijl het misschien helemaal geen seksuele basis heeft. Dat kan leiden tot verkeerde oordelen en interventies. Een voorbeeld: een jongeman met autisme en een verstandelijke beperking die vaak probeert om benen van vrouwen aan te raken. Dit is gemakkelijk op te vatten als seksueel gedrag, ten eerste omdat het duidelijk gericht is op personen van het andere geslacht en ten tweede omdat een vrouwenbeen een lichaamsdeel is dat in onze cultuur een erotische lading heeft. De mensen die deze jongen goed kennen, weten echter dat hij gefascineerd is door panty's en dat hij daar graag aanzit. Zijn interesse heeft niets te maken met de persoon die ze draagt en dat het net zo seksueel beladen is als een belangstelling voor kaarten, elastiekjes of een andere ongewone interesse die een persoon met autisme kan hebben. Het is dus simpelweg een uiting van de symptomen die in de diagnosecriteria 'sterke preoccupatie met één of meer stereotiepe en beperkte patronen van belangstelling' en 'preoccupatie met delen van voorwerpen' worden genoemd. Kortom, het is geen seksueel gedrag.

Een ander voorbeeld van gedrag dat ten onrechte opgevat kan worden als seksueel, is een verhaal van een lerares en een van haar leerlingen met het aspergersyndroom. Deze tamelijk gezette lerares zou met pensioen gaan en zei tegen haar leerling dat hij iets moest kiezen, omdat het haar laatste dag was. De leerling antwoordde toen dat hij haar in een bad zou willen zien. Omdat de jongen een jaar of vijftien was, vatte ze deze wens in eerste instantie op als de wens om haar naakt te zien. Ze had echter de tegenwoordigheid van geest hem te vragen waarom hij haar in bad wilde zien. Daarop antwoordde de jongen dat hij 'wilde zien hoeveel het water zou stijgen'.

Het is dus gemakkelijk om een seksuele bedoeling te zien in handelingen en uitlatingen die helemaal niet seksueel zijn. Als het socio-seksuele leerproces ontbreekt, kan het omgekeerde natuurlijk net zo goed gebeuren, namelijk dat een autistisch persoon een seksuele betekenis geeft aan handelingen die door anderen niet zo opgevat worden.

Bijvoorbeeld: een jonge jongen met autisme die seksueel opgewonden raakte als andere mensen dingen voor hem opschreven. Hij kon met pen en papier aankomen en een hulpverlener vragen om zaken die hij dicteerde op te schrijven. De zaken die hij zei, hadden (voor anderen) absoluut geen seksuele betekenis, maar hielden vaak verband met zijn speciale interesse. Na verloop van tijd ontdekten de hulpverleners echter dat deze bezigheid seksueel opwindend voor hem was.

Een ander voorbeeld van stimuli die voor anderen niet opwindend zijn, maar wel voor iemand met autisme, wordt verteld door de moeder van een twintigjarige jongen met autisme en met de gemiddelde ontwikkelingsleeftijd van ongeveer 1 jaar. Ze vertelt:

> Hij houdt van alle geluiden. De laatste tijd hebben we gemerkt dat hij seksueel opgewonden raakt van het geluid in de wc. Ongeveer een jaar geleden begon hij naar de wc te gaan om door te trekken en zijn oor tegen de spoelbak te leggen om te luisteren. Hij krijgt een erectie als hij dat doet, maar hij masturbeert er niet. We vinden dat geen probleem. We hebben met het personeel van zijn groep afgesproken dat masturbatie prima is op de wc, in de douche en in bed. Dat het geen probleem is geworden, komt waarschijnlijk doordat hij niet zo'n sterke seksuele belangstelling heeft, het is meer zo dat hij telkens als hij zijn piemel ziet, hij er ook aanzit.

Dat seksualiteit een sterk perceptueel aspect kan hebben voor mensen met autisme, is niet verbazingwekkend omdat veel autisten een andersoortige waarneming hebben. Ze kunnen zeer veel belangstelling hebben voor het luisteren naar bepaalde geluiden, overal en nergens aan ruiken, bepaalde voorwerpen aan willen raken, enzovoort. Seksualiteit is bij alle mensen immers sterk gekoppeld aan zintuiglijke indrukken. Het is denkbaar dat moeilijkheden met begrip van de abstractere betekenis die anderen aan hun ervaringen toevoegen, ervoor zorgen dat mensen met autisme (en dan vooral de mensen met de combinatie autisme en een verstandelijke beperking) hun seksualiteit vaker richten op een vorm van zintuiglijke stimuli die geen verband houdt met andere mensen.

Ook het streven naar onveranderlijkheid, dat alles elke keer precies hetzelfde moet zijn, wat bij veel mensen met autisme voorkomt, heeft vermoedelijk invloed op de eenzijdige gerichtheid op perceptuele zaken van de seksualiteit (waardoor het door andere mensen als raar gezien wordt). Mensen zijn moeilijker te voorspellen en daarmee moeilijker te begrijpen.

Ongeacht welk deel van de seksualiteit vanaf de geboorte biologisch is bepaald en hoeveel ervan is aangeleerd, staat het voor mij buiten kijf dat seksualiteit ook een wijze van uitdrukken is. Door seksualiteit kunnen behoeften geuit worden die in eerste instantie niet seksueel zijn. Denk aan eten. Hoewel eten een fundamentele behoefte is om honger te stillen (en om te overleven), eten mensen zeer vaak om andere redenen. Op dezelfde manier kan ook seks, zoals masturbatie of geslachtsgemeenschap, de behoefte aan bijvoorbeeld ontspanning of verbondenheid uitdrukken. Het is niet ongebruikelijk dat mensen meer masturberen als ze ziek zijn, zich niet goed voelen, onrustig zijn, enzovoort.

Een ouder van een niet-verbale jongeman met autisme en een ernstige verstandelijke beperking vertelt:

> Hij heeft problemen met zijn maag en darmen, hij heeft onder andere melkallergie en kan verstopt raken. We hebben geleerd om een belangrijk signaal van verstoppingen te zien, hij begint dan namelijk vaker te masturberen. Anders doet hij het af en toe, maar als hij verstopt is, doet hij het meerdere malen op een dag.

In mijn interviews met mensen met autisme en het aspergersyndroom komen meer voorbeelden naar voren waarbij zogenaamd 'problematisch seksueel gedrag' wordt veroorzaakt door iets wat eigenlijk niet seksueel is. Een vrouw bij wie de diagnose autisme al in haar jeugd gesteld is, vertelt bijvoorbeeld dat ze op de lagere school vaak in de klas masturbeerde. Ze werd er erg mee gepest en had verschillende bijnamen die verwezen naar haar masturbatie. Over de aanleiding van haar gedrag vertelt ze het volgende:

> Me vervelen was op een gegeven moment gelijk aan opgewonden zijn. De juf stond daar maar te zeuren voor de klas en ik was gefrustreerd en verveelde me kapot. Als ik masturbeerde, was ik helemaal weg, ik ging er volledig in op. Een orgasme was ook rustgevend. Ik was rusteloos. Ik was gespannen en moest me ontspannen.

In het openbaar masturberen hoort deels tot de normale ontwikkeling van kleine kinderen. Al op vijf- of zesjarige leeftijd, of nog eerder, ontdekken ze meestal dat het niet gepast is om dat te doen waar andere mensen bij zijn. Veel mensen met autisme vertellen dat ze dit pas veel later ontdekten, vaak pas als ze een jaar of tien, elf waren.

Wat de definitie van seksualiteit betreft is het van belang te weten dat wat 'normale seksualiteit' genoemd wordt heel breed is. Je hoeft alleen maar naar een seksshop te gaan om te zien dat mensen heel uiteenlopende zaken opwindend vinden. Bepaalde varianten kunnen wat zeldzamer en ongewoner zijn dan andere, maar dat hoeft niet te betekenen dat ze 'abnormaal' zijn.

Mensen maken zich er soms ongerust over of hun seksuele smaak normaal is. Het is een van de taken van de seksuologie erop te wijzen dat het meeste normaal is en dat men niet ongerust moet zijn. Veel boeken over seksualiteit en een verstandelijke beperking nemen dat standpunt ook in.

Het is natuurlijk goed de heldere boodschap te verkondigen dat wat ongebruikelijk is nog niet abnormaal hoeft te zijn en dat als je je zelf goed voelt bij je seksualiteit en je jezelf en anderen geen schade berokkent, er niets is dat je moet veranderen of waar je je voor hoeft schamen. Aan de andere kant kan die normaliserende houding een hindernis vormen doordat dingen die iemand zelf als probleem ervaart worden vergoelijkt, of dat men niet ziet dat er bij bepaalde stoornissen ook wat betreft seksualiteit en gender zaken zijn die anders zijn.

Er zijn enkele manieren om seksualiteit bij mensen met autisme te beschouwen. In mijn interviews zegt een aantal mensen dat hun seksualiteit niet anders is dan die van anderen en dat de stoornis de seksualiteit op zich niet beïnvloedt, maar dat het eerder gaat om 'uiterlijke moeilijkheden', zoals het vinden van een partner. Hetzelfde geldt voor gender en het gevoelsleven. Volgens een van de geïnterviewden zijn ze hierin door hun autisme niet primair anders dan anderen. De verschillen die sommige anderen zien, hebben eerder te maken met moeilijkheden om hun gevoelens uit te drukken dan om ze te ervaren. Anderen vinden daarentegen dat de stoornis zelf op een ingrijpende manier ook hun seksualiteit, gender en gevoelsleven beïnvloedt, dat er door het autisme op deze gebieden iets kwalitatief anders is, net als de verwerking van zintuiglijke indrukken anders kan zijn bij autisten.

Samengevat: autisme en het aspergersyndroom zijn ingrijpende stoornissen die invloed kúnnen hebben op alle aspecten van de mens, maar dat niet altijd hebben.

Het is belangrijk om dat bij het lezen van dit boek in je achterhoofd te houden, net als in andere situaties waar seksualiteit en relaties in verband met autisme worden besproken. Als dat vergeten zou worden, zou gemakkelijk het idee kunnen ontstaan dat iedereen met autisme problemen heeft met seksualiteit en dat is absoluut niet het geval. De variatie binnen de groep mensen met een autistische stoornis is heel groot. Dit blijkt duidelijk uit de interviews met ouders en hulpverleners. Je moet wel voorzichtig zijn met generalisaties op basis van een klein aantal gevallen. Een hulpverlener die met praktijkgerichte sociale vaardigheidstraining werkt over autisme en seksualiteit zegt:

> In het algemeen is het geen groot probleem, maar áls er een probleem ontstaat, is het vaak groot. En het is moeilijk om te weten wat je moet adviseren en wat je moet doen.

Daarom is het natuurlijk belangrijk om te beschrijven wat anders en eventueel problematisch is voor mensen met autisme/het aspergersyndroom en hun omgeving. Ten eerste wordt het daardoor beter te begrijpen en te hanteren, ten tweede, en misschien vooral, hoeven mensen zich minder eenzaam te voelen (ongeacht of het gaat om ouders, hulpverleners of mensen met een diagnose) als ze hun werkelijkheid beschreven zien en daardoor de mogelijkheid hebben zich ergens in te herkennen.

Er zijn ongetwijfeld redenen voor kritiek op de manier waarop seksualiteit bij mensen met een stoornis wordt weergegeven en besproken. Ik wil me wat dat betreft aansluiten bij wat Shakespeare e.a. schrijven in hun boek *Sexual politics of disability*.

> Er bestaat een tamelijk groot apparaat dat werk produceert dat verband houdt met seksualiteit en stoornissen, maar dat is een industrie die gecontroleerd wordt door professionals met medische, psychologische en seksuologische achtergronden. De stemmen van de mensen met een stoornis zijn bijna altijd afwezig. Zoals op zoveel andere gebieden worden de mensen met een stoornis aan de kant geschoven als subject, en tot object gemaakt. Er overheerst een medisch-tragisch model mensen definieert op basis van hun gebreken. Daarin is seksualiteit geen probleem omdat het sowieso niet besproken wordt, of het wordt besproken *omdat* het als probleem gezien wordt.[6]

Ook dit boek gaat helaas veel over problemen, hoe ze eruitzien en ervaren worden. Dit geldt in het bijzonder voor het volgende hoofdstuk. Toch hoop ik de ergste objectivering vermeden te hebben door voornamelijk mensen met een autistische stoornis en hun ouders aan het woord te laten. Het is, zoals ik al schreef, van belang je te realiseren dat niet iedereen met een stoornis in het autismespectrum seksuele problemen heeft.

HOOFDSTUK 6

Als seksuele uitingen problematisch zijn

Zoals bleek uit het vorige hoofdstuk, heeft natuurlijk niet iedereen met autisme problemen met seksualiteit. Maar áls er problemen ontstaan, vindt de omgeving het vaak erg moeilijk ermee om te gaan. De gebruikelijkste problemen die in de interviews aan de orde zijn gekomen, hebben te maken met masturbatie. Vaak masturbeert de persoon met autisme extreem veel of in het openbaar. Andere problemen zijn seks als speciale interesse, achtervolging, staren, een seksuele relatie met voorwerpen en het lastig vallen van anderen. In dit hoofdstuk bespreek ik deze onderwerpen en ik illustreer ze met citaten uit de interviews. Deze thema's komen later terug in de hoofdstukken over beoordeling en werkwijzen bij probleemgevallen.

Openbare of te intensieve masturbatie

De ouders willen natuurlijk allemaal dat hun kind met autisme een positieve houding ontwikkelt tegenover de eigen seksualiteit en kan genieten van seks. De hulpverleners zeggen hetzelfde. Deze wens leidt tot een nog groter dilemma als de uiting van de seksualiteit tegelijkertijd beperkt moet worden, bijvoorbeeld omdat iemand in het openbaar masturbeert. Hoe je dat kunt doen zonder repressief en veroordelend op te treden, is een vraag waar de meeste geïnterviewden een antwoord op zouden willen krijgen. Hier volgen een paar voorbeelden hoe het probleem ervaren wordt en hoe ermee wordt omgegaan.

De moeder van een dochter met autisme en een lichte verstandelijke beperking vertelt het volgende:

> Het begon toen ze dertien jaar was met plotselinge en volkomen ongeremde zelfbevrediging. Ze deed het weliswaar met haar broek aan, maar wel in het openbaar en ontzettend intensief. Ik dacht dat ik ruimdenkend was, maar dit was moeilijk. Ik had hier wel over gehoord in verband met autisme, maar ik was er vanuit gegaan dat vooral jongens masturberen – waarschijnlijk omdat je het vooral mannen hebt zien doen. Het was volkomen duidelijk dat ze niet begreep dat we het niet prettig vonden. Ze is er zich totaal niet van bewust hoe dat soort dingen in onze cultuur opgevat wordt. Ik probeerde eerst met haar te praten, maar dat hielp niet. Later maakte ik kennis met sociale verhalen[7] en via die weg hebben we het probleem aan kunnen pakken.
>
> Toen ik het verhaal schreef, heb ik nagedacht over de woorden die ik zou gebruiken en ik koos ervoor om het 'aan je kruis friemelen' te noemen. Daar kun je natuurlijk kritiek op hebben, maar ik dacht dat ze zichzelf met het woord 'masturberen' – een woord dat ze niet begrijpt maar wel kan gebruiken, want ze gebruikt graag nieuwe woorden die ze hoort – in problemen zou brengen; mensen zullen negatief reageren als ze zomaar over masturbatie begint.
>
> Pas toen we het sociale verhaal schreven, wilde ze meedenken over waar je aan je kruis mocht friemelen. 'In bed', spraken we af. Maar toen ging ze voortdurend in bed liggen! Dus we moesten het veranderen in 'in bed, voor je gaat slapen'. Deze heisa over masturbatie heeft ongeveer een jaar geduurd, nu is het veel minder geworden. Ik zou het niet meer merken als er niet nog een ander probleem was, na-

melijk dat ze in haar bed plast als ze masturbeert. Ik weet niet of dat vaker voorkomt, maar zij doet het vaak en de bank in haar kamer is vaak onder geplast.

Volgens de ouders met wie ik heb gesproken waren de problemen het intensiefst toen hun kinderen in de puberteit waren. Dat is logisch, omdat pubers meer masturberen dan mensen van andere leeftijden. Voor ouders die met hun kind midden in deze problematiek zitten, kan het een troost zijn dat het over een paar jaar wat rustiger zal worden. Dat betekent natuurlijk niet dat de problemen nooit aangepakt hoeven te worden en je erop kunt vertrouwen dat ze uit zichzelf verdwijnen.

De vader van een dertienjarig meisje met autisme met een laag ontwikkelingsniveau vertelt dat zijn dochter een tijd geleden ook is begonnen met in het openbaar te masturberen. Het meisje deed het door langs voorwerpen te wrijven. Het kon overal gebeuren, zoals in het postkantoor of in de rij bij de supermarkt:

> We besloten dat ze het in bed mocht doen. We willen het haar natuurlijk niet verbieden, maar ze begrijpt het verschil tussen privé en openbaar niet. Dat is ook niet uit te leggen. Ze kan niet praten en ze begrijpt alleen bepaalde beelden en gebaren. Nu hebben we besloten dat ze het alleen 's ochtends in bed mag doen, 's avonds niet. We denken niet dat ze een orgasme kan krijgen. Ze wordt er heel zweterig van en valt daarna moeilijk in slaap, dus het is beter dat ze het 's ochtends doet en daarna opstaat. We kregen de tip van een andere ouder met vergelijkbare problemen. Maar of we het goed doen, weet ik niet.

Dat ouders vragen hebben, dat ze niet weten wat ze moeten doen en zich afvragen of ze het goed doen – en dat er niemand is om het aan te vragen! – komt duidelijk naar voren in de interviews. Sommigen ervaren geen grote problemen op het gebied van seksualiteit, maar hebben toch vragen.

Een vader van een twintigjarige man met autisme wiens spraak ontbreekt en die een laag ontwikkelingsniveau heeft, zegt:

> Hij zit erg graag aan zijn piemel, maar weet niet hoe hij moet masturberen. Zouden we het hem moeten leren? Voelt hij lust? Zou ik die wekken als ik het hem leer? Zou hij er op de een of andere manier door veranderen? Het enige wat ik heb gedaan is ervoor zorgen dat hij het alleen op zijn kamer doet. Maar het zou fijn zijn als er kennis beschikbaar zou zijn, of iemand die er meer van weet met wie je contact op kan nemen.

Een moeder van een negentienjarige jongen met autisme en een laag ontwikkelingsniveau:

> Hij ontdekte zijn penis toen hij een jaar of vijf, zes oud was. Hij begon op de leuning van de bank te rijden en haalde giechelend zijn piemel tevoorschijn. Ik heb toen zelfs hele overalls voor hem genaaid zodat hij zijn penis niet overal tevoorschijn kon halen.
>
> Een paar jaar geleden was ik op een conferentie waar de sprekers zeiden dat mensen met autisme misschien geleerd moest worden om te masturberen, zodat ze een uitlaatklep hebben voor hun seksualiteit. Dat zou ervoor kunnen zorgen dat ze zich over de hele linie beter voelen. Toen dacht ik 'o nee, ook dat nog!' Thuis besprak ik het met mijn man. We besloten te wachten en een paar weken later had hij zelf uitgevogeld hoe het moest.
>
> We zijn thuis, op school en op de opvang heel erg consequent. Als hij wil masturberen, kan hij naar de wc gebracht worden en daar alleen gelaten worden. Nu haalt hij ons op en zegt hij dat hij op de wc wil zitten, als we het niet begrijpen gaat hij in bed liggen.

In boeken over seksualiteit en een verstandelijke beperking worden vragen over 'moet je slapende honden wakker maken?' genoemd als voorbeeld van de moeilijkheden die de omgeving kan hebben met het feit dat ook mensen met een verstandelijke beperking seksuele gevoelens, driften en gedachten hebben. Iedereen die ik tijdens het werk aan dit boek heb gesproken, vindt het echter vanzelfsprekend dat mensen met autisme seksueel actief zijn.

Toch is de vraag gerechtvaardigd of het juist is 'seksualiteit te wekken' bij mensen met een laag ontwikkelingsniveau, zoals in het eerder genoemde geval van de jongen met een ontwikkelingsleeftijd van twee. Niemand zou het in zijn hoofd halen een tweejarige te leren masturberen. Aan de andere kant gaat het over een man van twintig. Er zijn geen simpele antwoorden over wat juist is en wat niet. Wel kun je via andere bronnen informatie en steun vinden. De vader die zich afvroeg of hij zijn zoon moest leren masturberen, beschreef zijn zoon bijvoorbeeld ook als volgt:

> Hij frunnikt aan zijn piemel, maar hij lijkt niet gefrustreerd als hij dat doet. Hij benadert de rest van zijn omgeving ook door er aan te frunniken of te proeven.

De moeder die dacht dat ze haar zoon eventueel moest leren masturberen, gaf een vergelijkbare beschrijving. Er leek niets gefrustreerds of problematisch aan het wrijven of frunniken van haar zoon voordat hij er zelf zo langzamerhand achter was gekomen wat je moet doen om een zaadlozing te krijgen. In andere opzichten leek haar zoon niet veranderd nadat hij een orgasme kon krijgen.

In Zweden is er een debat geweest over interventie bij mensen met een verstandelijke beperking. Er is voor dit doel materiaal ontwikkeld, zo heeft RFSU[8] twee videofilms[9] geproduceerd een voor vrouwen en een voor mannen die masturbatietechnieken laten zien voor mensen met een verstandelijke beperking. De films tonen dus heel uitdrukkelijk hoe je kan masturberen.

Deze films brachten een discussie op gang, onder andere in het tijdschrift INTRA, een debattijdschrift over verstandelijke beperkingen. De critici wezen op het risico van schending van de integriteit en dat de films ervaren zouden kunnen worden als ongewenste intimiteiten. Vooral omdat de handleiding adviseert dat de film bekeken kan worden in gezelschap van een hulpverlener. Ook was er kritiek op de stelling dat onbevredigde seksuele behoeften tot agressiviteit kunnen leiden, een oude mythe die nooit bewezen is en die ooit is ontstaan om agressiviteit bij (normaalontwikkelde) mannen te rechtvaardigen.

Over praktische hulp bij het leren van masturbatie aan mensen met een verstandelijke beperking schrijft Hans Hallefors in INTRA:

> Een paar jaar geleden zat ik in een werkgroep die richtlijnen uit zou werken voor de manier waarop hulpverleners om moesten gaan met de seksuele behoeften en gedragingen in hun werk. Over het meeste waren we het eens: de persoon met de verstandelijke beperking heeft recht op een eigen seksleven, en ook om terzake met respect en begrip tegemoet getreden te worden. Maar in één kwestie ontdekten we een aanzienlijk grijs gebied. Het ging om mensen die vanwege hun beperking niet in staat waren zichzelf te bevredigen. Moest je hen als hulpverlener helpen zichzelf seksueel te stimuleren als dit een belangrijke behoefte was voor de persoon in kwestie? Na lange en diepgaande discussies waren we het er over eens dat we deze vraag helder en zonder voorbehoud met nee moesten beantwoorden. De reden was dat de risico's voor misbruik of de beschuldiging van misbruik te groot waren. Waar liggen de grenzen voor misbruik bij dit werk? Als degene die 'helpt' zelf lust voelt? Als de persoon met de verstandelijke beperking niet in staat is om aan te geven dat hij/zij wil stoppen? Er is alle reden om dit nee te handhaven.[10]

Dit zijn belangrijke argumenten en de critici hebben waarschijnlijk gelijk dat je er niet, zoals de RFSU heeft gedaan, zomaar vanuit kan gaan dat personeel in de zorg er altijd op een goede manier mee om weet te gaan. Er werken beslist veel verstandige en kundige mensen in de zorg, maar daarnaast werken er natuurlijk ook heel wat onvolwassen mensen die (al dan niet bewust) heel andere bedoelingen hebben, die niet altijd in het belang zijn van de zorgontvangers. Er kunnen mensen zijn die behoefte voelen om te demonstreren dat ze heel ruimdenkend zijn en helemaal geen problemen hebben met andermans seksualiteit en die daarom willen ingrijpen en iemand willen leren masturberen om indruk te maken op zijn of haar collega's. Een hulpverlener die ook als supervisor werkt, zegt:

> Soms kom je bij een groep hulpverleners waar iemand wil laten zien hoe 'ruimdenkend' ze is, ze wil dan min of meer bewijzen dat ze het heus zomaar over seks durft te hebben en je kan zien dat ze het spannend vindt. Vaak zijn het verzorgers die weinig kennis hebben over autisme. Als je bij groepen komt waar meer kennis over autisme bestaat, is de instelling eerder 'ja, ja, daar moeten we ook mee omgaan'. Maar het is dan niet beladen.

Het kan ook komen door jeugdigheid en gebrek aan ervaring. Een vrouw die in de zorg werkt, vertelt dat er op haar eerste werkplek een jongeman verliefd op haar werd en wilde dat ze erbij zou zijn als hij masturbeerde.

> Ik vond het vleiend en voelde me erg nodig. Ik was zo jong, ik stond er niet bij stil dat er misschien risico's aan kleefden en dat hij me steeds nodig zou hebben of dat het niet goed zou zijn dat hij zich seksueel op mij oriënteerde.

Tegelijkertijd gebeurt het ook dat masturbatie voorkomt terwijl iemand zichzelf verwondt, bijvoorbeeld door harde of scherpe voorwerpen te gebruiken (zie de volgende paragraaf) en dan is het soms noodzakelijk om snel maatregelen te treffen. Het ligt niet per se aan de gebrekkige (masturbatie)techniek, er kunnen andere verklaringen zijn (zie het hoofdstuk over beoordeling). Maar als je na zorgvuldige afweging gelooft dat iemand met dergelijk gedrag geholpen zou zijn met een les in masturbatietechniek, dan is dat het proberen waard. En in dat geval levert een film toch minder risico op schending van de integriteit op dan wanneer iemand zou proberen de persoon te leren masturberen.

Dit zijn dus geen simpele vragen met simpele antwoorden. Daarom is het belangrijk ze te bespreken. Een van de ouders die ik heb geïnterviewd, vatte het als volgt samen:

> Het is een lastige kwestie. Je moet de persoon heel goed kennen om te kunnen beoordelen of je moet ingrijpen. Het probleem hoeft helemaal niet te zijn wat wij denken dat het is. Het is niet vanzelfsprekend dat je iemand leert masturberen, maar je kunt ook niet zeggen dat je dat nooit moet doen. Je moet ervoor zorgen uiterst voorzichtig te zijn, je moet je afvragen wat het probleem is, en ook wiens probleem het is. Je moet nooit één enkele persoon van het personeel de beslissing laten nemen. Het heeft te maken met eigen inschattingen. Als ik het bijvoorbeeld frustrerend vind om geen orgasme te krijgen, dan geldt dat alleen voor mij. Ik kan er niet vanuit gaan dat dat voor anderen ook zo is.

Masturbatie en zelfverwondend gedrag

Zogenaamde automutilatie komt soms voor bij mensen met autisme en het is vaak moeilijk te begrijpen en te behandelen. Vaak bijt de persoon zichzelf of bonkt met zijn hoofd tegen de muur. Automutilatie lijkt niet heel gebruikelijk te zijn in combinatie met masturbatie of seksueel gedrag, maar uit de interviews zijn een paar voorbeelden naar voren gekomen. Een hulpverlener die langdurig werkzaam is als supervisor vertelt over een man met autisme en een verstandelijke beperking:

Het begon ermee dat hij met een plastic beker masturbeerde, maar later nam hij steeds hardere voorwerpen. Hij kreeg wondjes op zijn penis, maar zocht toch voortdurend naar scherpere en hardere voorwerpen. Het werd zo problematisch dat hij zijn penis er bijna af sneed, zodat ze die voorwerpen af moesten pakken en hem moesten helpen een ander rond voorwerp te kiezen, waar hij zijn penis in kon stoppen maar wat hem niet verwondde. Ze hebben hem laten zien hoe hij een rubberlaars kon gebruiken en dat ging goed.

We zijn ook mensen tegengekomen die zichzelf verwondden doordat ze voorwerpen in hun anus stopten en mannen die wonden op hun penis kregen doordat ze voortdurend masturbeerden.

Een vrouw die de diagnose autisme als kind kreeg, vertelt dat ze zichzelf ook verwondde bij het masturberen:

> Ik kon m'n geslacht tegen scherpe voorwerpen schuren, zoals scherven serviesgoed, waardoor het ging bloeden. Het kon me niets schelen. Ik werd opgewonden van harde voorwerpen en ik stopte dingen in me omdat ik het prettig vond ze naar binnen te zien verdwijnen. Ik weet niet waarom. Er was ook een verband met zuigen, ik deelde op het instituut waar ik woonde een kamer met een meisje met een verstandelijke beperking dat op van alles en nog wat zoog, zo kon ze ook op mijn poppen zuigen. We hadden samen een kamer en die visuele indruk bleef hangen – het was goor maar werd toch een soort fixatie en ik kreeg dwangmatige gedachten over zuigen. Ik haalde me de absurdste dingen in mijn hoofd.
>
> Ik kreeg van andere kinderen te horen dat ik 'idioot' was, en 'achterlijk'. Ik dacht dat ik lelijk en vies was en dat vermengde zich met zelfbevrediging met voorwerpen. Ik kon masturberen met metalen voorwerpen. Later hield ik ermee op. Het is fijn dat ik nu fantasieën kan hebben en gewoon met mijn hand kan masturberen.

Seks als speciale interesse

Speciale interesses worden beschouwd als zeer karakteristiek voor het aspergersyndroom. Volgens de diagnostische criteria onderscheiden ze zich van gewone interesses door hun abnormale intensiteit of gerichtheid. Daarmee wordt bedoeld dat de persoon met asperger extreem veel tijd besteedt aan de interesse of slechts belangstelling heeft voor deelaspecten, zoals grammofoonplaten verzamelen zonder geïnteresseerd te zijn in muziek. Vaak is de speciale interesse een bron van vreugde voor mensen met autisme/asperger en daarmee is het iets positiefs.

In mijn interviews dook seks als speciale interesse op als 'probleemgebied'. Vanzelfsprekend kan seks als speciale interesse positief zijn. Het hoeft helemaal geen probleem te zijn, vooropgesteld dat iemand in de juiste omstandigheden verkeert om iets met zijn interesse te doen. In mijn interviews is het echter vooral (maar niet uitsluitend) ter sprake gekomen als een probleem. Zo vertelt een van de hulpverleners het volgende:

> Ik heb contact gehad met een vrouw met autisme, wier speciale interesse seks was. Ze had een relatie met een man en wilde aan een stuk door seks met hem hebben en dat zorgde voor problemen in de relatie. Hulpverleners hebben haar geholpen om haar verlangen te structureren. Ze bepaalden samen wat 'vaak genoeg' was en roosterden het in.

Een ander voorbeeld is een man met autisme en een lichte verstandelijke beperking die pornografische afbeeldingen verzamelde en er een geavanceerd catalogiseringssysteem voor maakte. Seks was dus zijn speciale interesse en het was waarschijnlijk geen probleem geweest als hij zich niet in situaties had begeven die moeilijkheden gaven. Zo deelde hij op straat briefjes uit met zijn telefoonnummer, ook stal hij ondergoed.

Een twintigjarige man met het aspergersyndroom vertelt:

> Ik ben extreem gefixeerd op seks. Ik wil alleen maar seks, geen relatie. Als ik iets met een meisje zou krijgen, zou ze net zo gestoord moeten zijn als ik. Maar daarna verlies ik soms alle belangstelling voor seks. Of ik ben bezeten of totaal ongeïnteresseerd.

Diverse mensen uit hulpverlenersgroepen uitten hun bezorgdheid over jonge vrouwen met het aspergersyndroom die contact zoeken via internet en mannen mee naar huis nemen met wie ze seks hebben. Ze zijn ongerust omdat de vrouwen noch de risico's, noch de gevolgen kunnen overzien en daardoor bijzonder kwetsbaar zijn. Tegelijkertijd zijn het meerderjarige vrouwen die recht hebben te doen wat ze willen. Dit is een gebied waar gemakkelijk een conflict kan ontstaan. Enerzijds hebben alle mensen het recht om hun eigen leven te leiden en hun eigen fouten te maken, ongeacht een eventuele stoornis. Het gevaar dreigt dat we van mensen met een stoornis eisen dat ze normaler zijn dan 'normale mensen'. Ze mogen niet promiscue zijn, niet kiezen voor een slechte relatie enzovoort, hoewel veel mensen zonder enige vorm van stoornis dergelijke keuzes kunnen maken zonder dat iemand zich ermee bemoeit. Anderzijds heeft iemand met een beperkt vermogen om de omgeving te begrijpen en te interpreteren wel de behoefte aan meer bescherming. Tegelijkertijd is er in de omgeving ook een sterkere behoefte om te beschermen. Ook dit zijn moeilijke kwesties zonder vanzelfsprekende antwoorden.

Achtervolging

Er zijn diverse verhalen over mensen met autisme/aspergersyndroom die iemand die ze leuk vinden min of meer achtervolgen. Vaak begrijpen ze helemaal niet hoe de achtervolgde dat op zal vatten. Ze weten ook niet hoe ze contact met iemand kunnen leggen en hebben soms volstrekt onjuiste ideeën over hoe je iemands belangstelling moet wekken (zie ook het hoofdstuk over beoordeling). Een man met het aspergersyndroom die ik heb geïnterviewd, vertoonde zulk gedrag:

> Ik kan vallen voor een meisje en totaal gefixeerd raken. Het is net alsof ik dan gedrogeerd ben, alsof ik ontzettend veel endorfine aanmaak en ik daar gedrogeerd door raak. Ik praat zelfs met dubbele tong en je kan het zien aan mijn ogen. Ik volg zo'n meisje overal, toen ik op de middelbare school zat bijvoorbeeld door de hele school. Ik weet eigenlijk dat ik dat niet zou moeten doen, maar als ik erin zit, helpt dat niet, dan ligt die kennis buiten mijn bereik.

Een hulpverlener vertelt:

> We hadden een meisje met autisme dat volkomen gefixeerd was op mannen en jongens met een bepaalde haarkleur en een bepaald soort jas. We waren ongerust dat dat onprettige gevolgen met zich mee zou brengen. Ik ben ook andere vormen van dit probleem tegengekomen, zoals een autistische jongen die zijn broer voortdurend wilde zoenen en knuffelen en bij hem in bed wilde liggen. Het was moeilijk om hem dat te beletten.

Een ander voorbeeld is de vader van een twaalfjarig meisje met hoog functionerend autisme die vertelde dat zijn dochter verliefd was geworden op een jongeman die bij hen in de buurt woonde. Ze ging soms naar hem toe en ging dan op de trap van zijn huis zitten. Ook deed ze tekeningen en brieven in zijn brievenbus. Het probleem was dat de jongen, die zich geneerde voor haar aandacht, haar probeerde te laten stoppen door hints en ironie die het meisje absoluut niet oppikte. Het gezin van het meisje geneerde zich ook omdat ze dachten dat de buren het wel merkwaardig zouden vinden dat hun dochter de jongeman volgde. Haar ouders probeerden haar gedrag te laten ophouden door haar te straffen en bepaalde privileges in te trekken, wat niet werkte. Ten slotte namen ze contact op met de jongeman, gaven hem informatie over autisme en legden hem uit dat hij elke keer duidelijk moest zeggen wat hij bedoelde. Deze aanpak wierp geleidelijk aan zijn vruchten af.

Een andere tiener met hoog functionerend autisme schreef liefdesbrieven aan een elfjarig meisje. Omdat zij dat onprettig vond, ging haar moeder met de jongen praten. Toen bleek dat hij eigenlijk geïnteresseerd was in de moeder en dat de brieven aan de dochter een manier waren om in contact te komen met haar moeder. Maar nadat ze er veel over gesproken hadden, bleek dat de jongen eigenlijk ook niet verliefd was op de moeder, maar dat ze een bepaald soort spijkerbroek droeg die hem bijzonder fascineerde.

De kwestie kon dus opgelost worden door gesprekken en vervolgens waren er geen problemen meer. De moeder, die toevallig ook docent in het speciaal onderwijs was en werkte met kinderen met autistische stoornissen, denkt dat het belangrijk is de persoon te helpen om te zien waar het om draait en hem of haar vervolgens te helpen dit op een constructieve manier te kanaliseren.

Een ander aspect van achtervolgen kan onzekerheid zijn over hoe je moet zijn als mens en de behoefte aan een rolmodel. Een aantal mensen dat zelf een diagnose binnen het autismespectrum heeft, vertelt dat ze zich zeer onzeker voelen en een 'leegte' ervaren als het gaat om persoonlijkheidstrekken en hoe je 'moet zijn' om 'mens te zijn'. Ze beschrijven dat ze de intuïtie missen die anderen wel hebben. Daarom proberen sommige van hen zichzelf uit te wissen om maar 'te passen'. Soms gebeurde dit dermate dat ze in de war raakten over hun identiteit. Er zijn voorbeelden van mensen met het aspergersyndroom die een bepaald persoon volgden, zich hetzelfde kleedden en haast probeerden om die persoon te worden. Dat heeft vaak niets met verliefdheid of seksualiteit te maken, maar het kan door de omgeving wel zo opgevat worden.

Staren

Van verschillende kanten heb ik gehoord over mannen met een stoornis binnen het autistisch spectrum die in verschillende situaties naar vrouwen staren, op een manier die vrouwen onprettig of bedreigend vinden. Sommige mensen met autisme hebben bovendien een blik die op zichzelf al als eigenaardig of vreemd wordt ervaren.

Het is natuurlijk mogelijk dat vrouwen met autisme net zo vaak naar mannen staren (of naar andere mensen in het algemeen), maar dat het dan niet opgevat wordt als bedreigend en daardoor niet als een probleem wordt ervaren.

Een hulpverlener vertelt:

> We hadden een autistische jongen die meisjes aanstaarde, zodat ze er bang van werden. Hij was geïnteresseerd in lang haar en pezige handen. Eerst was het niet seksueel, maar later werd het dat wel.

Een jongeman met het aspergersyndroom:

> Mensen vinden mijn ogen onaangenaam. Ze zeggen dat ik doordringende ogen heb.

Een andere man met het aspergersyndroom vertelt dat hij dit gedrag vroeger ook vertoonde en dat het kwam doordat hij niet wist hoe je contact kon krijgen met andere mensen. Over staren zegt hij het volgende:

> Ik geloof niet dat staren alleen maar een rare neiging is. Ik denk dat je als je normaal bent je waarschijnlijk de juiste gezichtsuitdrukking hebt en in staat bent om op de juiste manier oogcontact te leggen en te verbreken om zo belangstelling te tonen, in plaats van te staren op een manier die raar of uitdrukkingsloos is. Iemand met autisme kan dus natuurlijke beweegredenen hebben om het te doen, maar mist de mechanismen om het goed te laten functioneren.

Seksuele relatie met voorwerpen

De andersoortige waarneming bij mensen met autisme heeft, zoals eerder al werd aangestipt, waarschijnlijk ook invloed op wat als seksueel opwindend wordt ervaren. Hulpverleners die met autisten werken, vertelden dat voor mensen met autisme/het aspergersyndroom bepaalde zintuiglijke gewaarwordingen seksueel opwindend kunnen zijn, zoals het zien of aanraken van bepaalde materiaalsoorten zoals glas, of het luisteren naar bepaalde geluiden of het ruiken van bepaalde geuren. Dit hoeft uiteraard helemaal geen probleem te zijn als de persoon in kwestie begrijpt dat hij zijn seksuele belangstelling privé moet praktiseren en hij zich er zelf prettig bij voelt en niemand beschadigt.

Een aantal mensen vertelt ook over een niet-problematische seksuele relatie met voorwerpen. Het object waar men een belangstelling of een fascinatie voor heeft – misschien iets wat met de speciale interesse te maken heeft – wordt dan als seksueel opwindend ervaren en wordt gebruikt bij masturbatie. Je zou je kunnen voorstellen dat die speciale interesse voor sommige autistische mensen de functie vervult die een relatie heeft voor andere mensen.

Een vrouw met het aspergersyndroom, die overigens geen seksuele relatie heeft met haar speciale interesse, zegt het volgende:

> Mijn interesse is waar ik voor leef. Wat me fascineert, varieert door de jaren heen, maar het is altijd iets wat me volledig opslokt en ik wil er aan een stuk door mee bezig zijn. Ik ben niet volkomen ongeïnteresseerd in andere mensen, maar mijn relaties met mensen zijn niet op dezelfde manier belangrijk als ze voor anderen lijken te zijn. Ik heb het erg naar mijn zin in mijn eentje. Maar als iemand me mijn interesse af zou nemen, zou het heel leeg worden in mijn leven.

Maar een seksuele relatie met de interesse kan dus ook ervaren worden als een probleem. Een van de geïnterviewde vrouwen, die de diagnose autisme in haar jeugd kreeg, vertelt dat ze zich erg schaamde voor wat zij beschouwde als haar zeer eigenaardige voorkeur.

> In de puberteit verafschuwde ik jongens, ik hield wel van de achttiende eeuw. Ik raakte gefixeerd door het plaatje van een achttiende-eeuwse man in uniform. Ik wilde met dat plaatje masturberen, het in mijn mond stoppen en erop zuigen. Ik vond dat vanaf het begin af aan heel beschamend – ik wist immers al vroeg dat ik anders was en dit was iets wat mij anders maakte. Ik sta er nog steeds heel dubbel tegenover, maar ik denk nu wel dat ik toen niet anders kon. Ik voelde me lelijk en vies en een gedrocht omdat ik in een instituut had gezeten. Nu ben ik ermee gestopt, maar dat is een wilsdaad. Ik heb besloten ermee te stoppen toen ik verhuisde. Ik wrijf nu op een bepaalde plek op mijn hand, dat staat voor het zuigen op het plaatje. Soms stond ik op het punt opnieuw te beginnen, maar toen heb ik tegen mezelf gezegd 'nee, nu woon je hier'.
>
> Ik ben blij dat ik ermee ben gestopt. Maar ik kan nog steeds verliefd worden op voorwerpen en vormen, ze wekken dan begeerte op. Sommige voorwerpen kunnen ook dwanggedachten oproepen en voel ik me geremd omdat ik niet wil dat sommige vormen dat effect op me hebben.

Er zijn meer mensen bij wie bepaalde vormen een seksuele lading hebben, aldus een hulpverlener:

> We hebben hier een jongen die enorm gefascineerd is door gebogen vormen en vooral door een bekend logo dat je overal tegenkomt. Hij associeert dat met billen en hij tekent veel billen met die vorm en praat er veel over. Zijn ouders noemen het een fixatie. Hij is autistisch en heeft daarnaast een ernstige verstandelijke beperking. We hebben er nog geen goede oplossing voor gevonden. Alles wordt billen voor hem.

Ik weet ook niet wat we moeten doen, het wordt snel zo'n gezeur, iedereen zegt steeds 'nu hebben we het over iets anders'.

Een Engelse vrouw met autisme vertelt in een programma van de BBC[11] openlijk over haar seksualiteit. Ze zegt dat de wens om relaties met anderen te hebben bij haar volkomen afwezig is. Ze heeft andere mensen weliswaar nodig om enkele zeer basale behoeften te bevredigen, maar geen van deze behoeften is seksueel.

'Ik ben prima in staat om mijn seksuele behoeften zelf te bevredigen,' zegt ze. Ze vertelt ook dat ze een seksuele relatie met haar schaatsen (schaatsen is haar grote interesse) en laarzen heeft en dat ze ze gebruikt als hulpmiddel bij het masturberen. Mensen hebben haar vaak gewaarschuwd voor de risico's ervan, zegt ze. Nu heeft ze haar hart verpand aan andere voorwerpen, een soort visueel speelgoed, dat ze graag langs haar lichaam strijkt. 'Als ik in het juiste humeur ben, kunnen ze erg opwindend zijn.' Maar soms heeft ze last van een slecht geweten, vertelt ze, omdat ze haar geliefde schaatsen heeft verlaten.

Ongewenste intimiteiten

Het komt ook voor dat mensen met autisme en het aspergersyndroom andere mensen lastig vallen. Hulpverleners hebben bijvoorbeeld verteld over een jongeman met het aspergersyndroom die onbekende vrouwen in hun borsten kneep. In mijn interviews ben ik geen ernstige zedenmisdrijven tegengekomen door mensen met autisme of asperger, maar er zijn wel voorbeelden van, hoewel het niet vaak voor lijkt te komen. (zie ook het hoofdstuk over seksueel misbruik)

Daarentegen zijn verhalen over lastig vallen niet echt ongebruikelijk, een hulpverlener noemde bijvoorbeeld een man die anonieme brieven schreef aan een vrouw in wie hij geïnteresseerd was. Hij schreef haar dingen als 'ik sta om tien uur voor je huis'. Hij begreep helemaal niet dat dat als bedreigend werd ervaren en ging er eigenlijk vanuit dat ze naar buiten zou komen om met hem te praten.

Sommige mensen zijn zo opdringerig in de manier waarop ze contact zoeken, dat het door degenen die het meemaken wordt ervaren als ongewenste intimiteiten.

Overige problemen

In de gesprekken zijn ook andere problemen aan bod gekomen die wel thuishoren op het terrein van seksualiteit en relaties, maar waar moeilijk een eigen titel aan te geven is.

Hulpverleners vertellen dat er soms problemen ontstaan met mensen met autisme die zich in het openbaar uitkleden. Soms is dat een soort exhibitionisme, maar meestal betreft het storingen in de perceptie. Het kan verband houden met de tactiele perceptie, kleren die onverdraaglijk zijn of met een ander gevoel voor temperatuur, waardoor mensen het met kleren aan veel te warm hebben. Die gevoelsindrukken treden op in combinatie met het onvermogen om het verschil tussen openbaar en privé te doorgronden. Ze beseffen niet dat verschillende soorten gedrag in verschillende omgevingen passen.

Anderen kunnen de sociale afstand moeilijk beoordelen. Het gaat dan bijvoorbeeld om het te dicht bij andere mensen komen, wat door de omgeving als opdringerig wordt ervaren. Een aantal mensen met autisme geeft zelf ook aan dat het soms moeilijk is om in te schatten hoe dichtbij je moet staan als je met iemand praat.

Een ander veelvoorkomend probleem dat zowel door ouders en hulpverleners als door mensen met autisme zelf wordt genoemd, hangt samen met eenzaamheid en het verlangen naar een relatie. Dit wordt diepgaander beschreven in het hoofdstuk over relaties.

Het gebrek aan begrip voor lichamelijke functies en hoe dingen met elkaar samenhangen, komt eveneens vaak voor. Als men daarnaast een zeer concreet visueel begrip heeft, kan dat tot misverstanden leiden. Een man met het aspergersyndroom geloofde dat hij stervende was omdat zijn zaad er niet uitzag zoals op de plaatjes in een boek dat hij had gezien. Andere misverstanden kunnen het resultaat zijn van een gebrekkige seksuele voorlichting, zoals bij de vrouw die dacht dat masturbatie hetzelfde was als zwangerschap.

Nog een probleem dat in de interviews wordt genoemd, is dat jonge mensen met het aspergersyndroom soaps op televisie beschouwen als een beeld van de werkelijkheid. Ze hebben er moeite mee om te begrijpen dat relaties in het echte leven niet zo functioneren. Meisjes met het aspergersyndroom lijken meer beïnvloed te worden door deze programma's dan jongens. Zo vertelde een hulpverlener over een pubermeisje dat verkracht wilde worden nadat ze een soap had gezien waarin een verkrachting voorkwam.

Een leraar in het speciaal onderwijs die ook docenten begeleidt, mag dit hoofdstuk besluiten:

> Deze vragen komen vaak naar voren tijdens supervisie, bijvoorbeeld 'wat doen we met Kalles seksualiteit? Hij loopt altijd met zijn hand in zijn broek' of 'hij probeert altijd aan borsten te zitten'. Maar het gebeurt maar zelden dat deze kwesties worden besproken in het perspectief van leren; de vraag 'hoe leren we hem over seksualiteit en relaties?' wordt dus niet gesteld. En eigenlijk is zo'n perspectief juist nodig, net zoals je je afvraagt 'hoe leren we hem zijn veters te strikken?' is dit ook iets wat hij moet leren. Gek genoeg wordt seksualiteit vaak geïsoleerd gezien van alle andere dingen in iemands ontwikkeling en er wordt vooral gedacht in de trant van 'nu gaan we aan de slag met zijn seksuele problemen'.
>
> In mijn eigen werk ben ik vaak op bezorgdheid bij ouders gestuit, soms hadden artsen hun gezegd dat ze in de puber-

teit grote problemen met seksualiteit konden verwachten. In de meeste gevallen zijn de problemen echter niet zo groot. Volgens mij kan je zien dat mensen die in contact zijn geweest met een pedagogische instelling die is toegesneden op autisme, dit soort problemen minder hebben.

HOOFDSTUK 7

Seksuele oriëntatie en gender

Homo- en biseksualiteit

Dat seksuele oriëntatie bij autistische mensen, net als bij het overige deel van de bevolking, varieert, is voor de meesten naar ik hoop vanzelfsprekend. Volgens RFSL[12] kun je seksuele oriëntatie op verschillende manieren bekijken. Seksuele oriëntatie kan op de volgende manieren benaderd worden: praktijk (handelingen en praktijk), identiteit (hoe men zichzelf noemt en ervaart) en voorkeur (gevoelens en fantasieën). Je kunt bijvoorbeeld een homoseksuele identiteit hebben, maar een heteroseksuele relatie (of andersom) of een biseksuele identiteit of voorkeur, zonder seksueel contact gehad te hebben met mensen van beide seksen.

Een vraag die zowel in mijn interviews als in andere contexten is opgeworpen is of mensen met het aspergersyndroom vaker homoseksueel zijn dan de rest van de bevolking. Er is geen onderzoek naar gedaan, maar de vraag komt voort uit een algemene indruk bij discussies tussen met name mensen met asperger. Dat het meer lijkt voor te komen, kan verschillende verklaringen hebben. Je kunt aan de ene kant denken dat het vaker voorkomt om biologische redenen, omdat de ene manier van 'anderszijn' de andere met zich mee zou brengen volgens hetzelfde principe waardoor mensen met dit type stoornis ook vaker kleine neurologische afwijkingen hebben. Deze redenering veronderstelt natuurlijk dat homoseksualiteit biologisch/genetisch is. Aan de andere kant kun je alternatieve verklaringen verzinnen zoals dat mensen met het aspergersyndroom wellicht simpelweg opener met hun homoseksualiteit omgaan dan anderen, of dat ze zich doordat ze al jong buitenstaander waren zich beter thuis voelen in een subcultuur zoals de homobeweging, waar mensen in het algemeen waarschijnlijk minder bang zijn voor dingen die niet mainstream zijn. Deze redenering veronderstelt dat homoseksualiteit een keuze is. Het kan ook zo zijn dat we, zoals sommigen denken, allemaal biseksueel geboren worden maar dat de heteroseksuele normen in de maatschappij zo sterk zijn dat de meesten er om sociale redenen voor kiezen om zo te leven. Als dat het geval zou zijn, is het heel goed voorstelbaar dat een flink aantal mensen met autisme/het aspergersyndroom niet zo sterk beïnvloed is door de maatschappelijke normen (of ze niet zo goed oppikt) en daarom ook een andere keuze maakt.

De homoseksuele wereld kan echter als gesloten worden ervaren. Een homoseksuele man met het aspergersyndroom vertelt:

> Het was moeilijk om in contact te komen met homo's en bevriend met ze te raken. De overgrote meerderheid van mannen op plekken voor homo's wil me niet beter leren kennen. Oppervlakkig geklets en seks kon je krijgen, maar ik vond toen dat de homocultuur erg nep, onbetrouwbaar en oppervlakkig was. Ik vraag me af of het tegenwoordig beter is.

Dit wordt bevestigd door een lesbische vrouw met het aspergersyndroom, die het moeilijk vond om toegang te krijgen tot lesbische kringen. Ze zegt dat ze het uiteindelijk heeft opgegeven.

Of homo- en biseksualiteit inderdaad vaker voorkomen bij mensen met een autistische stoornis, weten we nog niet, maar er zijn tegenwoordig twee mailinglists voor mensen met de combinatie autisme/asperger en homo-, bi- of transseksualiteit.[13] Hoe dan ook, het is belangrijk te weten dat het voorkomt, zodat je niet, zoals een docent overkwam, denkt dat het gewoon een idee-fixe is die bij de diagnose hoort, als een tiener met het aspergersyndroom op internet naar informatie zoekt over homoseksualiteit. Het kan net zo goed komen door algemene nieuwsgierigheid of natuurlijk doordat de persoon zelf homoseksueel is.

Een kwestie die besproken is in de groepen voor HBT-mensen, is of de coming-out als homo- of biseksueel problematischer is als je ook een vorm van autisme hebt. Voor sommige mensen zal het zeker gemakkelijker zijn, omdat ze waarschijnlijk niet zo gevoelig zijn voor verwachtingen van hoe je 'hoort te zijn'. Voor anderen is het echter al zo bezwarend dat ze op één punt afwijken van de norm, dat ze het niet opbrengen om ook op een ander front af te wijken. Je kan je ook afvragen of het, hoewel homoseksualiteit de laatste jaren steeds meer geaccepteerd wordt in onze maatschappij, toch niet moeilijker is voor bijvoorbeeld groepswerkers om te accepteren dat twee mannen of twee vrouwen met autisme seksuele belangstelling voor elkaar zouden tonen, dan wanner dat een man en een vrouw overkwam. Een van de geïnterviewden die bij Division TEACHH[14] in North Carolina werkt, dacht onthutsend genoeg dat zoiets geen praktisch probleem zou vormen in de groepen daar; het werd namelijk niet geduld aangezien homoseksualiteit in North Carolina bij wet verboden is!

Transseksualiteit en travestie

Een vergelijkbare vraag geldt voor transseksualiteit. Komt transseksualiteit vaker voor bij mensen met autisme/het aspergersyndroom dan bij de rest van de bevolking? Ook hier is geen onderzoek naar gedaan, maar het relatief grote aantal mensen met het aspergersyndroom en transseksualiteit waarmee ik in contact ben gekomen tijdens het schrijven van dit boek en de zeldzaamheid van transseksualiteit in de bevolking als geheel, doen vermoeden dat het zo is.

Op het moment heb ik in Zweden, direct en indirect, contact met acht transseksuelen die ook autisme hebben. Daarnaast heb ik contact met een aanzienlijk aantal autistische transseksuelen in het buitenland. Met een van hen heb ik een kort interview gehad. Het gaat om een vrouw die zo'n tien jaar geleden geslachtsaanpassende operaties heeft ondergaan en vroeger dus een man was. Ze vertelt:

> Ik verschil van andere transseksuelen door mijn asperger, dat is overduidelijk. Nu heb ik het juiste geslacht, maar ik ben nog steeds anders. Vroeger had ik de diagnose ADHD, maar ik dacht dat het gevoel anders te zijn alleen kwam doordat ik het verkeerde geslacht had. Na de geslachtsaanpassende operatie was ik echter nog steeds anders. Vervolgens kreeg ik de diagnose asperger en die verklaarde de rest. Een van de dingen waarin ik van andere transseksuelen verschil, is dat gedoe met kleren en make-up. Dat interesseert me totaal niet en ik heb ook geen gevoel voor mode. Andere transseksuelen zijn vaak heel erg bezig met dat soort dingen.

Mensen die psychologisch onderzoek doen bij transseksuelen voor er besloten wordt tot een geslachtsaanpassende operatie, lijken er ook oog voor te hebben gekregen. Als er belemmeringen zijn voor een operatie, worden mensen wel eens doorverwezen voor onderzoek naar de mogelijkheid van het aspergersyndroom.

Informatie over het verband tussen autisme en transseksualiteit is om diverse redenen belangrijk, maar het belangrijkste van alles is dat die informatie niet wordt gebruikt om mensen met een diagnose binnen het autismespectrum te vervreemden. Het is absoluut niet de bedoeling dat autisme en het aspergersyndroom als iets vreselijk merkwaardigs gezien worden. Het is vooral van groot belang te weten dat autisme en transseksualiteit samen voor kunnen komen. De beweringen van een autistisch meisje dat ze eigenlijk een jongen was, werden eerst gezien als een fixatie, maar vele jaren later bleek het toch echte transseksualiteit te zijn. In een ander geval was de omgeving bezorgd over een jonge man die bezig was van geslacht te veranderen; de familie dacht dat hij waarschijnlijk het aspergersyndroom had en dat hij zich daarom had vergist bij het antwoord op de vraag waardoor zijn 'anderszijn' kwam. Natuurlijk is het mogelijk dat iemand zowel het aspergersyndroom heeft, als transseksueel is, maar de diagnose op zichzelf is geen belemmering voor geslachtsaanpassing. Er zijn echter voorbeelden van mensen die de hormoonbehandeling die aan een geslachtsaanpassende operatie voorafgaat, hebben afgebroken toen ze als diagnose het aspergersyndroom kregen. Ze zagen deze diagnose als de sleutel voor hun anderszijn.

Als informatie zo gebruikt wordt dat mensen zichzelf durven bevestigen, heeft dat natuurlijk een positief effect. Zo kwam er tijdens de lunchpauze van een lezing over autisme en seksualiteit een keer een jongeman met het aspergersyndroom naar me toe. Hij had me over transseksualiteit horen spreken en wilde vertellen dat hij zelf travestiet was en asperger had. Veel mensen vinden travestie en transseksualiteit twee verschillende zaken, maar op grond van mijn gesprekken lijkt er eerder een glijdende schaal tussen deze twee te bestaan. Het wordt nog eens gecompliceerder doordat iemand als travestiet of transseksueel bovendien homo-, bi-, of heteroseksueel kan zijn. Na de lunch zag ik hem opgemaakt en met sieraden om in het publiek zitten. Ik vond het fijn dat hij zich waarschijnlijk zo bevestigd voelde dat hij dat wilde doen. Het had dus zin gehad om het onderwerp aan te snijden.

Aseksualiteit

Sommige mensen met autisme en het aspergersyndroom beschrijven zichzelf als aseksueel en een van hen beschrijft zichzelf als man noch vrouw, maar als een 'derde soort'. Een paar mensen die ik heb ontmoet, zijn ook opvallend androgyn, dat wil zeggen dat het moeilijk uit te maken is of ze man of vrouw zijn. Het is ook erg moeilijk om hun leeftijd te raden, ze zien er veel jonger uit dan ze zijn. Voor een van hen, een vrouw van tweeëndertig, is het niet ongewoon dat ze wordt gezien als een jongen van twaalf, dertien jaar. Sommigen zeggen te lijden aan genderdysforie, wat zoiets betekent als geslachtsverwarring. De mensen met wie ik contact heb gehad, zeggen echter stellig dat ze helemaal niet verward zijn, maar dat ze volkomen zeker weten een 'eigen soort' te zijn, en geen man of vrouw. Sommigen van hen verzetten zich tegen het horen bij een bepaalde sekse en ze willen absoluut niet gedwongen worden om zichzelf 'zij' of 'hij' te noemen.

Aseksualiteit zelf wordt door sommige mensen beschreven als een totale desinteresse en ze lijken het niet als een probleem te ervaren. Donna Williams, een vrouw met hoog functionerend autisme die een aantal boeken heeft geschreven, schrijft hierover het volgende: 'Ik ben er niet in geïnteresseerd. Het is niet zo dat ik iets onderdruk (...) Mensen kennen homoseksualiteit, angst voor seksualiteit en de keuze om geen seks te hebben, maar ze kunnen zich het ontbreken van seksualiteit niet voorstellen. Ze kunnen het zich gewoonweg niet als een normale toestand voorstellen.'[15]

Jim Sinclair, een man met hoog functionerend autisme, schrijft het volgende: 'Ik ken mensen met autisme die getrouwd zijn of een vriend of vriendin hebben en daar erg tevreden mee zijn. Dat zijn werkelijk succesverhalen – dat wil zeggen, voor mensen die dit soort dingen van nature willen en ze bevredigend vinden. Ik ken andere mensen die dit soort relaties niet hebben, hoewel ze dat wel zouden willen, soms voelen ze zich gefrustreerd of gedeprimeerd doordat ze geen relatie hebben. Maar ik weet ook dat er heel wat mensen zijn – zowel autistisch als niet-autistisch – die aseksueel zijn; zij zijn van nature gewoon niet geïnteresseerd in seksuele relaties. Voor hen is de afwezigheid van seks geen gebrek of onvolkomenheid, en het is op geen enkele manier een weerspiegeling van het onvermogen om relaties aan te gaan die voor hén belangrijk zijn.

Aseksualiteit is een niet-disfunctionele zijnswijze die voor sommige mensen natuurlijk is. Aseksualiteit is niet hetzelfde als celibaat of abstinentie; een celibatair of abstinent iemand heeft een natuurlijke neiging tot seksueel gedrag, maar geeft geen gehoor aan die neiging. Iemand die aseksueel is, heeft totaal geen seksuele neigingen en onthoudt zich op geen enkele manier van iets wat hij of zij zou willen. Aseksualiteit is onafhankelijk van iemands sekse, gender, emotionele gerichtheid, belangstelling voor relaties met anderen, belangstelling voor en vermogen tot intimiteit en hoezeer iemand zich op zijn gemak voelt bij lichamelijk contact. (...)

Aseksuele mensen die diepgaande relaties hebben met andere mensen krijgen, zowel binnen als buiten de relatie, vaak te maken met lastige conflicten. Een niet-seksuele relatie is voor de aseksuele persoon vaak erg waardevol en belangrijk, terwijl de waarde ervan door anderen in twijfel wordt getrokken – soms zelfs door de partner – omdat de heersende opvatting is dat niet-seksuele relaties minder intens en minder belangrijk zijn dan een seksuele relatie. Veel aseksuele mensen doen mee aan seksuele activiteiten die voor hen niets betekenen en die ze soms ook onsmakelijk vinden, simpelweg omdat ze een intieme verhouding met de ander willen en het gevoel hebben dat ze seks 'moeten' hebben om de relatie compleet te maken. Anderen zijn niet bereid om plichtmatig seks te hebben in een relatie, het is voor hen niet van belang. Ze concluderen daarom dat intimiteit überhaupt niet tot hun mogelijkheden behoort.'[16]

Interseksualiteit

Ik wil hier ook interseksualiteit aanstippen. Interseksualiteit houdt in dat iemand wordt geboren met geslachtschromosomen, genitaliën of een inwendig voortplantingssysteem dat noch mannelijk, noch vrouwelijk is. Of er een verband bestaat tussen interseksualiteit en diagnoses in het autismespectrum is niet bekend. Toch heb ik een aantal mensen met het aspergersyndroom ontmoet die geboren zijn met interseksualiteit. Dat is vermoedelijk niet iets waar mensen het vaak over hebben, voor veel mensen is het iets beschamends en meestal ondergaan ze al heel jong operaties om de genitaliën er zo normaal mogelijk uit te laten zien (dat wil zeggen of mannelijk, of vrouwelijk). De operatie wordt voorafgegaan door een geslachtsbepaling waarbij wordt geprobeerd om op de drie genoemde gebieden te bepalen tot welke sekse iemand het meest behoort.

De Amerikaanse vereniging Intersex Society of North America, ISNA, ijvert er echter voor om deze ongewenste geslachtsoperaties te voorkomen en om schaamte in verband met mensen met een atypische geslachtsanatomie weg te nemen. Hier is een parallel met de voorgaande paragraaf over autisme en gender. Mensen met interseksualiteit hebben in debatten het recht verdedigd om tot een derde sekse te behoren. Ze vinden dat er gewacht zou moeten worden met operaties tot de betrokkene zelf kan beslissen en dat iedereen vrij zou moeten zijn zichzelf niet als man of vrouw te definiëren. Ze zijn van mening dat interseksualiteit niet noodzakelijk een fout is die 'gecorrigeerd' moet worden.

Ten slotte blijkt uit mijn interviews dat sommige mannen en jongens met het aspergersyndroom die zichzelf niet als homo- of biseksueel zien, eronder lijden dat ze als feminien worden beschouwd. Een van hen werd er ook, al dan niet structureel, mee gepest. Het is niet eenvoudig om de oorzaak hiervan te achterhalen. Misschien is het, zoals iemand suggereerde, gewoon de afwezigheid van een aangeleerd, masculien bewegingspatroon dat als 'feminien' wordt opgevat. Misschien zijn er andere, biologischer verklaringen. Sommige van deze mensen vragen zich ook af of ze de puberteit echt hebben doorgemaakt, ze hebben het gevoel nooit de baard in de keel te hebben gekregen en hebben nog steeds zeer weinig lichaamsbeharing. Daardoor ga je je natuurlijk afvragen of hormonale afwijkingen een rol spelen. Ook professor Christopher Gillberg[17] heeft opgemerkt dat sommige mensen met het aspergersyndroom langzamer ouder lijken te worden.

'Geslachtsblindheid' kan ook voorkomen bij mensen met een autistische stoornis. Het houdt in dat iemand niet door heeft welk geslacht andere mensen hebben. Over een man met het aspergersyndroom hoorde ik bijvoorbeeld dat hij een sauna met alleen vrouwen binnen kan gaan zonder dat in de gaten te hebben.

Bij de meeste mensen blijkt de behoefte om het geslacht van anderen te bepalen erg sterk. Zo raken veel mensen onmiskenbaar geprikkeld als ze iemand in de bus zien zitten van wie ze niet kunnen bepalen of het een man of een vrouw is; ze willen het graag weten, hoewel het duidelijk is dat die kennis niet functioneel voor hen is. Je merkt het ook aan de eerste vraag bij een geboorte en aan het belang dat ouders eraan hechten om door middel van kleding te laten zien of hun baby een jongen of een meisje is.

Veel mensen met autisme of asperger zeggen dat geslacht niet telt en dat ze er niet over nadenken. Ze hebben het gevoel minder behoefte te hebben andermans geslacht te definiëren en sommigen zijn zoals gezegd volkomen geslachtsblind. De meeste mensen die zichzelf aseksueel noemen, zijn ook geslachtsblind.

HOOFDSTUK 8

Seksueel misbruik

Mensen met een autistische stoornis kunnen slachtoffer worden van een seksueel vergrijp. Sommigen menen dat zeker mensen met een cognitieve stoornis een extra kwetsbare groep vormen, omdat daders graag een slachtoffer uitzoeken dat moeilijk kan vertellen wat hij of zij heeft meegemaakt en vaak minder snel geloofd wordt. De voorbeelden van misbruik uit mijn interviews, vonden plaats op scholen voor speciaal onderwijs. In het ene geval gaat het om een jongen, in het andere om een meisje. Ze werden op school door oudere leerlingen met een verstandelijke beperking misbruikt. Een orthopedagoog vertelt het volgende:

> Het heeft voor een groot deel te maken met de instelling. Ze dachten dat deze jongen zich in zijn vrije tijd zelf kon redden. Hij is heel passief en doet wat anderen tegen hem zeggen, ze konden hem bij wijze van spreken alles laten doen. Maar dat hij misbruikt kon worden, komt eigenlijk doordat hij een groot verbaal vermogen heeft waardoor ze hoge verwachtingen hebben van wat hij zelf kan.

Een moeder vertelt dat haar dochter op een school voor speciaal onderwijs werd misbruikt door een paar jongeren met een verstandelijke beperking:

> Ze zijn er niet op voorbereid dat zoiets kan gebeuren. Het personeel was erdoor gechoqueerd en verrast. Maar je moet er toch rekening mee houden dat deze mensen een seksualiteit hebben, je moet daar aan denken bij het werk.

Veel ouders zijn bezorgd dat hun kind slachtoffer kan worden van misbruik (zowel seksueel als anderszins) en ze vinden hun autistische kinderen in dit opzicht zeer kwetsbaar.

Ik heb ook contact gehad met een man met hoog functionerend autisme die op twaalfjarige leeftijd werd 'verzorgd' door een pedofiel. Hij stelde het misbruik niet ter discussie, maar was alleen maar dankbaar dat er iemand voor hem zorgde en, zoals hij het toen beleefde, aardig voor hem was. Pas later zag hij in dat hij misbruikt was. Hij werd het huis van de pedofiel uitgezet toen hij te oud was en werkte daarna in de prostitutie tot hij geleidelijk aan in contact kwam met het maatschappelijk werk en de psychiatrie. Hij kreeg de juiste diagnose en kwam in de ziektewet terecht. Hij denkt dat zijn stoornis hem goedgelovig en naïef maakte, maar ook dat zijn slechte behandeling thuis (deels door zijn stoornis die niet begrepen werd door zijn ouders) er ook toe heeft bijgedragen dat hij een gemakkelijke prooi was voor de pedofiel.

Het komt helaas ook voor dat men dacht dat mensen met autisme/het aspergersyndroom slachtoffer zijn van seksueel misbruik en dat de symptomen van de autistische stoornis ten onrechte zijn geïnterpreteerd als symptomen van misbruik. Dit is voorgevallen op plekken waar de omgeving geen kennis had van de symptomen die op kunnen treden bij een neuropsychiatrische toestand. Daarom is het belangrijk dat iemand die eventueel misbruik onderzoekt, verstand heeft van dit soort stoornissen.

Een voorbeeld van een geval waarbij men seksueel misbruik vermoedde (maar waar nooit werd overgegaan tot aangifte), is een autistisch kleutermeisje dat gedrag begon te vertonen dat de hulpverleners erg vreemd en verontrustend vonden – ze probeerde andere mensen tussen hun benen te likken. Ze vroegen zich af of ze misbruikt was en het nu was gaan uiten. Maar ze speelde alleen maar hond. Voor wie concreet denkt, is dat inderdaad erg karakteristiek voor veel honden, ook al doen andere mensen alsof ze dat niet zien!

Een ander voorbeeld is een jongen met ernstige neuropsychiatrische problemen, waarvan zowel de stoornis van Gilles de la Tourette,[18] ADHD als het aspergersyndroom deel uitmaken. Gebrekkige impulscontrole, zeer sterke fixatie op seksueel gedrag (wat onder andere leidde tot aanranding van een jongere broer) plus een enorme hang tot het nemen van risico's en het opzoeken van gevaarlijke situaties, zorgden ervoor dat de jongen op een gegeven moment de aandacht trok van het maatschappelijk werk. De ouders die al een hele tijd bezig waren hulp te zoeken voor hun kind, werden opeens onderwerp van onderzoek naar seksueel misbruik. Een van de ouders werd door PBU[19] zelfs aangeklaagd wegens misbruik. Verder deed PBU aangifte bij het maatschappelijk werk. In dit geval was de enige reden echter dat de plaatselijke afdeling voor maatschappelijk werk een medewerker in dienst had die oordeelde dat geseksualiseerd gedrag in combinatie met het in brand steken van dingen, weglopen en stelen automatisch betekende dat het kind slachtoffer was geweest van seksueel misbruik. Dit soort eenvoudige verbanden tussen symptoom en oorzaak is altijd gevaarlijk en kan er in gevallen als bovenstaande toe leiden dat het hele gezin erg beschadigd wordt. De moeder vertelt:

> Toen ik probeerde uit te leggen dat hij ook heel veel andere symptomen had, kreeg ik te horen dat ik dat zei om me te verdedigen. Toen ik hier voor het team van PBU tegenin pro-

beerde te gaan door te zeggen dat het toch erg onwaarschijnlijk was dat ik hulp voor mijn zoon zou zoeken als ik hem zelf misbruikte, kreeg ik te horen dat mijn vraag om hulp heel goed een 'schijnmanoeuvre' kon zijn.

Nadat onze zoon was onderzocht door een team specialisten van buiten onze regio – in onze regio weigerden ze hem te onderzoeken – nam de leidende arts van het onderzoek contact op met een arts van ons district en gaf hem de informatie over alle diagnoses van mijn zoon. Deze arts gaf dit niet door aan PBU of het maatschappelijk werk. Toen wij hem vroegen waarom, zei hij dat de geheimhoudingsplicht hem dat belette. Het merkwaardige was dat hij niet vond dat de geheimhoudingsplicht het hem belette aan het maatschappelijk werk door te geven dát onze zoon zijn broer had misbruikt, maar wel informatie over het wáárom! In het onderzoek kwamen stukje bij beetje meer leugens aan het licht; zo beweerde PBU dat ik zelf slachtoffer was van incest – wat niet waar is – 'want het was immers algemeen bekend dat slachtoffers zelf meestal daders werden'.

De arts van het neuropsychiatrische team die onze zoon had onderzocht, heeft zijn extreme gedragsproblemen later in een attest toegelicht. Hij schreef dat geen enkel gezin in staat zou zijn om een kind met zulke gedragsstoornissen als onze zoon thuis te hebben, toch kregen we geen hulp. Vóór de incestaangifte vertrouwde PBU me en we hadden bijna een jaar lang goed contact met ze, maar nu verdween ook deze steun. Ze wilden alleen de verdenkingen van incest nog onderzoeken, ons vergaten ze volledig en zelfs onze zoon die door zijn broer misbruikt was, kreeg geen hulp.

Ook tegen mijn zus, die hier woont, is aangifte gedaan van seksueel misbruik van haar zoon, die ook ADHD heeft. Ze werd zo wanhopig dat ze heeft geprobeerd zelfmoord te plegen. Dit is nu een paar jaar geleden. Alle aanklachten zijn geseponeerd, maar ik hoop dat niemand hoeft door te maken wat wij hebben doorgemaakt in de veertien maanden dat dit onderzoek in beslag nam.

Het is natuurlijk een vreselijke klap. Je bent al wanhopig en uitgeput door een totaal onhandelbaar kind, tegen wie je zijn broertjes en zusjes moet beschermen en vervolgens word je beschouwd als oorzaak van het probleem. Daarbovenop word je ook nog verdacht van misbruik op het moment dat je hulp zoekt. De moeder schetst een beeld van de manier waarop het leven met de jongen eruitzag:

> Onze zoon was altijd al extreem hyperactief, we hadden al veel eerder hulp nodig gehad. Zijn extreme snelheid, zijn nachtelijke escapades – toen hij vier was gooide hij 's nachts al zijn spullen uit het raam, alleen zijn bed stond er nog. We moesten alles op slot doen, we sloten de deur van zijn kamer af, zodat hij 's nachts alleen via onze kamer naar buiten kon. Toen hij zes was, dachten we dat hij erover heen was en dat zijn deur niet meer op slot hoefde. De nacht daarna trof ik hem aan in de keuken in een mengsel van hondenvoer, limonadesiroop, cornflakes, havermout en koffie. Toen ik naar de badkamer ging om een krabber te halen, zag ik dat hij dezelfde mix in de badkuip had gemaakt, die helemaal was verstopt. Een andere keer had hij 's nachts de gordijnroede naar beneden gehaald en sloeg hij het plafond in zijn kamer ermee stuk. Hij verstopte messen, scharen, schroevendraaiers en schroeven op de raarste plekken en haalde ze later op onverwachte momenten tevoorschijn en sneed er onze leren meubels en andere dingen mee kapot. Hij maakte alles wat op zijn weg kwam kapot: radio's, camera's, gordijnen, vloerkleden, fietsen en fotopapier, voor duizenden en duizenden kronen. Hij knipte en scheurde onze volledige linnenvoorraad en zijn eigen kleren kapot, stopte kauwgum in de videorecorder, nou ja, zo zou ik nog heel lang door kunnen gaan. Ik wist dat kinderen hun creativiteit moeten kunnen uiten en kocht daarom boetseerklei en aquarelverf en dergelijke voor hem, maar dat belandde altijd op de vloer en de muren.
>
> Hij werd steeds agressiever en we moesten hem elke seconde bewaken, een klap op de rug van zijn kleine broertje,

zodat die naar adem hapte, een schop tegen zijn hoofd enzovoort. Hij verdween in een fractie van een seconde en had geen idee hoe hij heette of waar hij woonde als iemand hem dat vroeg, hoewel hij het eigenlijk best wist. Zijn ongewone seksuele gedrag begon toen hij vier was, hij wreef tegen andere volwassen vrouwen en ook tegen mij en ik probeerde uit te leggen hoe kinderen en volwassenen met elkaar omgaan en hoe je kan knuffelen. Maar het was erg moeilijk om zijn aandacht te trekken, hij zat geen seconde stil of hij had zich zo afgesloten dat je geen contact met hem kreeg. Hij begreep dingen als rechtvaardigheid en spijt betonen voor dingen die gebeurd waren niet. We wilden ons kind aankunnen en bij onze eerdere kinderen hadden we vaak te horen gekregen dat we goede ouders waren, maar toen we hulp zochten voor onze zoon was er niemand die ons begreep. Men was van mening dat het probleem bij de ouders lag. Hij heeft nog steeds grote problemen en het blijft moeilijk om de juiste hulp te krijgen.

Als er aangifte wordt gedaan van seksueel misbruik is het vrijwel altijd heel ingewikkeld om uit te zoeken wat er echt gebeurd is, aangezien de getuigen en bewijsmateriaal meestal ontbreken. Christopher Gillberg schrijft in het deskundigheidsrapport *Seksueel misbruik bij kinderen, neuropsychiatrische aspecten:*[20]

> Een van de belangrijkste taken van de samenleving is kinderen te beschermen tegen geweld, zowel geestelijk als lichamelijk en seksueel. Net zo belangrijk zijn respect en zorg voor mensen die vanwege chronische stoornissen gehandicapt zijn. Daarom is het in een moderne samenleving prioritair om kinderen en mensen met een stoornis de optimale mogelijkheden te geven zich positief te ontwikkelen met de vermogens die ze hebben. Dat houdt op zijn beurt in dat de mensen met de beste kwalificaties om het kind of de persoon met de stoornis in het dagelijks leven te helpen, gesteund worden. In het algemeen zijn dat de ouders, broers en zussen en andere verwanten.

Bij onderzoek naar seksueel misbruik bestaat het gevaar dat deze doelstellingen met elkaar in conflict komen. Dat geldt zeker als het kind van wie wordt vermoed dat het misbruikt wordt, een neuropsychiatrische stoornis heeft en/of als een familielid ervan wordt verdacht de dader te zijn. Onderzoek naar seksueel misbruik moet altijd zo verricht worden dat de verschillende doelstellingen van de maatschappij zoals boven beschreven in acht worden genomen. Dit betekent onder meer dat het kennisniveau van neuropsychiatrische stoornissen bij kinderen vergroot moet worden bij de instanties die stelling moeten nemen in zulke complexe zaken als verdenking van seksueel misbruik.

Gillberg noemt ook een aantal dingen waar bijzonder goed op gelet moet worden en wijst erop hoe belangrijk het is je te realiseren dat het taalbegrip minder kan zijn dan het verbale vermogen, wat in verhoorsituaties voor problemen kan zorgen. De concrete manier waarop taal begrepen wordt, inbegrepen echolalie, kunnen zo'n situatie natuurlijk ook beïnvloeden. Hij wijst verder op het gevaar om mensen met autisme en het aspergersyndroom overdrachtelijk te begrijpen, terwijl de meesten van hen heel concreet denken en een zeer gebrekkig voorstellingsvermogen hebben. Gillberg oppert dat je met mensen met het aspergersyndroom beter schriftelijk kunt communiceren, zodat het risico van misverstanden en echolalie minder is.

Mensen met autisme kunnen natuurlijk ook dader zijn van seksueel misbruik. Er is echter voorzichtigheid geboden met het trekken van conclusies op basis van het weinige materiaal dat voor handen is. Henrik Söderström heeft voor zijn proefschrift een kleinschalig onderzoek gedaan naar neuropsychiatrische problemen bij mensen die geweldsdelicten hadden gepleegd. Daarbij zaten autistische mensen die een seksueel delict hadden gepleegd. Volgens Söderström zijn er echter geen epidemiologische onderzoeken die de vraag of ze inderdaad oververtegenwoordigd zijn, beantwoorden. Zijn ervaring is dat mensen met autisme ten onrechte zijn aangezien voor pedofielen terwijl er eigenlijk sprake was van het ontbreken van sociale normen. Dit komt overeen met mijn ervaringen en voorbeelden die in de interviews naar voren zijn gekomen.

Het komt dus voor dat mensen met autisme/het aspergersyndroom ongewenst seksueel gedrag tegenover kinderen vertonen, maar vaak komt dit dan doordat ze geïnteresseerd waren in een bepaald attribuut van kinderen en niet zozeer in kinderen zelf. Een voorbeeld hiervan is een man met het aspergersyndroom die regenkleding van galon erg opwindend vond. De man liep een tijd stage op een kinderdagverblijf. Daar ontstonden problemen als de kinderen buiten gingen spelen met regenkleding aan. Hij had dus eigenlijk geen seksuele voorkeur voor kinderen, hoewel het wel voor de hand ligt dat zo te zien, maar hij kon veeleer niet omgaan met zijn opwinding over galonkleding. Bovendien begreep hij de sociale regels niet die voor anderen vanzelfsprekend zijn (zoals waar en wanneer je je opwinding verbergt).

Een andere denkbare reden waarom iemand met autisme zich seksueel tot kinderen zou kunnen richten is natuurlijk het eigen lage ontwikkelingsniveau. Misschien ziet iemand zichzelf als de leeftijdgenoot van een achtjarige (wat in zeker opzicht ook zo is, in elk geval emotioneel gezien), hoewel de persoon zelf bijvoorbeeld zestien is (dit heeft uiteraard niet tot gevolg dat het als een minder ernstig geval van misbruik wordt gezien). Zoals ook in hoofdstuk 3 bleek, is het niet ongebruikelijk dat mensen met het aspergersyndroom voor vriendschappen en liefdesrelaties kiezen waarin het leeftijdsverschil aanzienlijk is (zie ook het hoofdstuk over relaties). Hoe verkeerd dit opgevat kan worden, bewijst een interview met een man met het aspergersyndroom in het boek *Jag avskyr ordet normal* (Ik heb een hekel aan het woord normaal, vert.). Er wordt beschreven hoe een man van begin veertig op een vakantiekamp een vijftienjarig meisje ontmoet. Omdat ze het goed met elkaar kunnen vinden en hij weet wanneer ze jarig is, besluit hij haar op haar verjaardag thuis op te zoeken om haar te feliciteren. Haar ouders vinden die belangstelling echter bijzonder ongepast en nemen contact op met de politie. De man zelf is ontdaan en gekwetst, hij wil haar toch alleen maar een verjaardagscadeau geven?

DEEL DRIE

Praktisch aan het werk

HOOFDSTUK 9

Beoordeling

De meeste professionals zijn het erover eens dat het bij problematisch autistisch gedrag, zoals agressie of automutilatie, van zeer groot belang is om zorgvuldig te oordelen voor een behandelplan wordt opgesteld. Deze beoordeling moet op zijn beurt geëvalueerd worden. Er zijn diverse modellen voor dergelijke beoordelingen en behandelplannen gepubliceerd. Voor beoordeling van seksueel probleemgedrag bestaan er nog niet zoveel van dergelijke modellen. In de praktijk is het vaak een kwestie van acute en misschien niet altijd even goed doordachte acties.

Als je niet weet wat de oorzaak is van het gedrag, is het natuurlijk moeilijker om een goede behandeling op te stellen en daarom is het ontwikkelen van beoordelingmodellen op dit gebied urgent. Omdat er nog niet zoveel kennis over autisme en seksualiteit is verzameld, kan ik hier geen voorstel voor zo'n model uitwerken, wel een eerste, schetsmatig overzicht van factoren en mogelijke oorzaken van 'probleemgedrag' die verband houden met seksualiteit en die waarschijnlijk belangrijk zijn om op te nemen in een beoordeling.

Het zijn conclusies die ik heb kunnen trekken op basis van mijn interviews, de literatuur en eerdere ervaringen met autisme. Deze lijst is zeker onvolledig en er zijn waarschijnlijk meer aspecten waarmee rekening moet worden gehouden dan hier besproken worden. Sommige punten zijn een samenvatting van zaken die elders in dit boek genoemd worden.

Voor besloten wordt welke strategie of werkwijze wordt gevolgd (voorbeelden komen in de komende hoofdstukken aan bod), moet dus geanalyseerd worden of het probleem te maken kan hebben met een van de volgende factoren:

Problemen met het begrip van sociale regels

Veel mensen met autisme begrijpen de sociale regels niet die ervoor zorgen dat anderen hun seksuele verlangens en opwinding verbergen. Soms begrijpen ze het verschil tussen openbaar en privé niet. Ook kunnen ze er moeite mee hebben om regels hoe dan ook te begrijpen. Ze vatten ze op een andere manier op dan bedoeld. Er zijn voorbeelden van mensen met autisme of het aspergersyndroom die dachten dat het feit dat je vanaf je zestiende geslachtsgemeenschap mag hebben, inhield dat je geslachtsgemeenschap *moest* hebben op je zestiende (en dat je alcohol moest drinken als je achttien was).

Er zijn ook veel autistische mensen die zelf vertellen dat ze contact willen, maar niet weten 'hoe dat moet'. Velen kunnen niet begrijpen hoe anderen te werk gaan om iemand van het andere geslacht te ontmoeten. Een aantal van hen heeft eigen ideeën over hoe ze denken dat je te werk moet gaan, manieren die tot problemen kunnen leiden. Dat de eerdergenoemde jongen met het aspergersyndroom naar onbekende vrouwen gaat en in hun borsten knijpt, kan erop duiden dat hij niet weet hoe hij zich moet gedragen om met een leuke persoon in contact te komen. Veel mensen met het aspergersyndroom en autisme vragen ook geen hulp als ze niet snappen of weten hoe ze zich moeten gedragen.

In de interviews wordt over een aantal personen met het aspergersyndroom, zowel jongens en mannen als meisjes en vrouwen, verteld dat ze contact zochten met mensen van het andere geslacht op manieren die als bizar, krenkend of bedreigend werden ervaren. Het gaat dan over het schrijven van anonieme brieven, spullen in zakken stoppen, achtervolgen en dergelijke. Ook hoorde ik het verhaal van een puberjongen die, als hij geïnteresseerd was in een meisje op school, tampons in haar jaszak stopte. Hij had begrepen dat tampons iets te maken hadden met 'dat' diffuse wat hij niet echt begreep (liefde, aantrekkingskracht, seks, geslachtsdelen). Hij dacht dat het een gangbare manier was om te laten merken dat je iemand leuk vond.

In vele gevallen geloofden de mensen met autisme/het aspergersyndroom oprecht dat hun daden de ander 'verliefd' zouden maken of dat hij/zij hen zou willen leren kennen. Ze zijn vaak ontzettend verbaasd als hun uitgelegd wordt hoe de ander hun gedrag kan ervaren.

Ook 'het vertellen van de waarheid' kan een deel van het probleem met sociale interactie zijn bij mensen met autisme. Eerlijkheid is een eigenschap die gewoonlijk wordt gekarakteriseerd als positief, maar in de praktijk is het vaak net zo belangrijk om te verbergen wat je denkt, iets wat mensen met autisme moeilijk kunnen begrijpen. Een psycholoog vertelt bijvoorbeeld over een man met het aspergersyndroom die in de stad een leuk meisje passeerde, naar haar toe ging en zei 'wat ben jij een leuk meisje, wil je met me naar bed?' en oprecht verbaasd was toen hij een mep kreeg van haar vriendje, dat naast haar liep. Hij was niet in staat om de situatie juist in te schatten (als er een jongen naast haar loopt is het waarschijnlijk haar vriendje) en had evenmin begrepen dat dat een vraag is die je niet stelt aan een onbekende. Hij dacht dat hij iets aardigs had gezegd. Als zij niet wilde, kon ze toch gewoon nee zeggen?

Dat letterlijke, concrete taalbegrip kan voor problemen zorgen, niet alleen bij de manier waarop je contact met anderen zoekt, ook een afwijzing wordt moeilijk begrepen.

Dit wordt geïllustreerd door het verhaal van een man met het aspergersyndroom die in het dorp waar hij woonde regelmatig jonge vrouwen tegen het lijf liep. Ze waren altijd aardig tegen hem en hij nodigde ze regelmatig uit om een kop koffie bij hem te komen drinken. De vrouwen antwoordden altijd 'een andere keer'. Maar hoewel ze dat gedurende een aantal jaren herhaalde malen hadden gezegd, had hij niet begrepen dat 'een andere keer' in de praktijk 'nooit' betekende.

Speciale interesse

Een aantal mensen met autisme en het aspergersyndroom heeft als 'speciale interesse' het oproepen van sterke reacties bij anderen. Dat komt niet doordat ze willen dat anderen verdrietig of kwaad worden – hoewel dat zo kan lijken – maar meestal doordat ze geamuseerd zijn door de emotionele reacties. Als je niet echt begrijpt hoe anderen zich voelen, kunnen kwade mensen er best grappig of interessant uitzien.

Een man met het aspergersyndroom vertelde dat hij graag mensen irriteert. Hij vindt dat ze er dan geweldig komisch uitzien. Hij weet ook goed wie in zijn omgeving gemakkelijk geïrriteerd raakt en hoe snel. Hij begrijpt weliswaar dat hij het zo voor zichzelf kan verpesten en dat hij daardoor in bepaalde sociale situaties niet gewenst is, maar net zoals de jongen die meisjes achtervolgde zegt hij dat hij geen toegang heeft tot die informatie als hij bezig is. In dit geval heeft het niets met seksualiteit te maken. Toch kan deze fascinatie voor sterke gevoelens van anderen ook tot gevolg hebben dat iemand dingen doet of zegt die anderen choqueren. Een voorbeeld hiervan is de man met autisme en een lichte verstandelijke beperking die iedereen die hij tegenkwam vroeg 'mag ik aan je kont ruiken?' Hij leek de inhoud van wat hij zei niet te begrijpen, maar hij kon er zeker van zijn dat hij met die vraag reacties uitlokte.

Hulpverleners dachten eerst dat hij misschien een film op televisie had gezien en niet goed had begrepen wat er daar gebeurde, maar hij kan ook gewoon hebben ontdekt dat hij fantastische reacties van mensen krijgt als hij het zegt. Dit geldt ook voor sommige mensen die vaak schuttingwoorden of krachttermen gebruiken. Als anderen altijd kwaad of geschokt reageren, kan dat een reden zijn om door te gaan. Wellicht omdat het spannend is of omdat de voorspelbaarheid zelf zo prettig is.

Verder moet overwogen worden of gedrag beïnvloed wordt door een fascinatie voor bijvoorbeeld een kledingstuk of andere attributen (hier zijn al een aantal voorbeelden van gegeven) zoals lang haar of panty's. Vaak gaat het om zaken die visueel of tactiel stimulerend zijn, bijvoorbeeld iets glanzends of zachts. Ten slotte kan seks, zoals eerder gezegd, een speciale interesse op zich zijn.

Geen kennis van 'sociaal geaccepteerde' kanalen voor seksuele behoefte

Vaak weten mensen met autisme niet hoe 'sociaal geaccepteerde' hulpmiddelen (zoals erotische tijdschriften of films) gebruikt kunnen worden. Mensen zonder autisme leren dat in hun jeugd, meestal van leeftijdgenoten. Het is echter niet vanzelfsprekend dat mensen met autisme/het aspergersyndroom, die in de puberteit vaak niet hetzelfde contact met leeftijdgenoten hebben, weten dat er seksfilms, -tijdschriften en -winkels zijn. Natuurlijk is niet iedereen geïnteresseerd in deze vorm van stimulatie, maar waarschijnlijk zou een deel van de mensen met autisme/het aspergersyndroom met zogenaamd 'merkwaardige' voorkeuren (zoals glas of rubberlaarzen) in een seksshop iets kunnen vinden dat dezelfde functie vervult, of zelfs beter zou functioneren. Als ze niet weten dat die artikelen er zijn of hoe ze er aan kunnen komen, nemen ze misschien simpelweg wat voor handen is. Denk aan de man uit hoofdstuk 6 die zichzelf verwondde als hij masturbeerde en die later leerde hoe hij een rubberlaars kan gebruiken. Waarschijnlijk zouden er in een sekswinkel geschiktere hulpmiddelen voor hem te vinden zijn. Behalve dat een rubberlaars door de omgeving wat raar gevonden kan worden, en misschien wat onpraktisch, is er ook het risico dat de man rubberlaarzen in andere contexten ook als mogelijk hulpmiddel bij masturbatie beschouwt – je kan je voorstellen wat voor situaties dat op zou kunnen leveren!

Moeite met impulscontrole

Een van de geïnterviewde hulpverleners bracht de theorie naar voren dat impulsen die iedereen heeft, bij mensen met autisme/het aspergersyndroom misschien niet geïnhibeerd worden. Dat wil zeggen dat veel mensen in de bevolking eigenlijk 'ongewone seksuele neigingen' hebben of zin hebben om op anderen af te rennen om ze te betasten. Zij kunnen er met behulp van hun vermogen impulsen te onderdrukken echter van afzien om deze verlangens om te zetten in daden. Misschien zijn ze zich er niet eens van bewust dat ze deze impulsen hebben, omdat ze zo snel geïnhibeerd worden.

Een medisch probleem

Aan masturbatie in het openbaar kan een medisch probleem ten grondslag liggen. Een voorbeeld hiervan is een meisje met autisme en een verstandelijke beperking die in de puberteit voortdurend haar hand in haar luier begon te stoppen om over haar geslacht te wrijven. Haar omgeving nam aan dat haar seksualiteit was ontwaakt, maar na een tijdje ontdekte men dat iemand had gemeend dat één luier onvoldoende voor haar was en haar daarom anderhalve luier was gaan omdoen. Doordat daarvoor een luier in tweeën werd gescheurd kwam er materiaal uit het binnenste van de luier in contact met haar geslachtsdelen, wat een jeukende irritatie veroorzaakte.

Ik heb eerder een ouder aangehaald die toegenomen masturbatiefrequentie waarnam als haar zoon ziek werd. Een Amerikaans onderzoek uit 1994 van James A. Mulick en zijn collega's toonde aan dat plotselinge veranderingen in het gedrag de duidelijkste indicatie van acute ziekte konden zijn bij mensen met een meervoudige verstandelijke beperking. Daarom is het, zeker bij autistische mensen die niet goed kunnen communiceren, altijd belangrijk om te overwegen of er sprake is van een medisch probleem als een bepaalde gedraging plotseling ontstaat of verandert.

Dave Hingsburger en zijn collega's, die werkzaam zijn bij de sekskliniek voor mensen met een verstandelijke beperking in Ontario, Canada, vermoeden dat automutilerend gedrag in verband met masturbatie een gevolg kan zijn van medicatie. Er zijn volgens Hingsburger medicijnen waardoor het gevoel in de geslachtsorganen afneemt, waardoor ze harder aangeraakt moeten worden om iets te voelen.[21]

Gebrek aan stimulatie

Hoofdstuk 6 gaat onder meer over mensen met autisme die dwangmatig in het openbaar masturberen en die zelf een verband leggen met verveling. Over het algemeen kan je zeggen dat het niet ongebruikelijk is dat iemand met grote zogeheten 'gedragsproblemen', ook heel weinig levensinhoud heeft. Helaas blijken gedragsproblemen en levensinhoud vaak een negatieve spiraal te vormen. Als er problemen ontstaan, wordt alle energie gebruikt om het gedrag in bedwang te houden, waardoor de inhoud van het dagelijks leven vermindert. Dat heeft tot gevolg dat de persoon in kwestie uiteindelijk heel weinig andere gedachten en bezigheden heeft dan het ongewenste gedrag. Dat zorgt er dan weer voor dat het gedrag frequenter wordt, waardoor nog meer andere activiteiten wegvallen enzovoort. Daarom is het zo belangrijk om de hele levenssituatie in ogenschouw te nemen als een individu problematisch gedrag vertoont, (zie de paragraaf 'Algemeen over beoordeling' verderop).

Problemen met ontspanning of te veel stimulatie

Een paar mensen zegt in de interviews dat ze masturbeerden om zich te ontspannen en dat ze aan een innerlijke spanning leden of lijden en moeite hebben zich te ontspannen. Mensen met autisme en het aspergersyndroom staan dikwijls bloot aan veel stress. Moeite met communicatie en gebrek aan begrip van onuitgesproken regels kan op zich al voor stress zorgen. Ook kunnen al die hulpverleners die iemand om zich heen heeft, bijvoorbeeld persoonlijk assistenten en hulpverleners van de dagopvang, op school of de leefgemeenschap en het werk, erg ambitieus zijn. Als alle plekken gevuld zijn met activiteiten en hulpverleners die de behoefte hebben 'een bijdrage te leveren', dan wordt de behoefte aan rust en ontspanning wellicht verwaarloosd.

Masturbatie is natuurlijk geen slechte manier om te ontspannen, maar het kan goed zijn om het repertoire te verbreden zodat er uit verschillende ontspanningstechnieken gekozen kan worden (zie hoofdstuk 13 voor suggesties). Daarnaast is het belangrijk dat er genoeg ruimte is voor rust en een privé-leven (zie ook de paragraaf 'Is er eigenlijk wel een probleem?' verderop).

Zoals al eerder gezegd kan masturbatie een manier zijn om met onrust of angst om te gaan en het heeft in dat geval meer met troost dan met seksualiteit te maken.

Aangeleerd gedrag

Het is bekend dat mensen met autisme er moeite mee hebben regels op een flexibele manier toe te passen. Als een regel eenmaal is aangeleerd, is het over het algemeen lastig om uit te leggen dat die alleen in sommige situaties van toepassing is, of dat men geacht wordt zich op verschillende plekken verschillend te gedragen. Het kan dat de persoon met autisme in een bepaalde situatie een bepaalde gewoonte is aangeleerd, die zo goed beklijft dat het moeilijk is die te veranderen. Misschien leert een klein jongetje met autisme en een verstandelijke beperking om mensen die hij ontmoet bij wijze van begroeting te knuffelen. Als hij een volwassen man is, past dit gedrag echter niet langer; niet iedereen wil geknuffeld worden. In het werk met volwassenen is het vaak lastig om volledige kennis te krijgen over hun achtergrond en daardoor kan het moeilijk zijn in te schatten of het een kwestie is van aangeleerd gedrag. Een hulpverlener vertelt:

> We hadden een man die naar damestoiletten in het dorp ging om daar te masturberen. Er werd meermaals aangifte tegen hem gedaan en we konden dit gedrag niet stoppen. Daarom was hij uiteindelijk genoodzaakt te verhuizen. Maar ik vraag me tot op heden af hoe het kwam. Het is makkelijk om aan te nemen dat er een ongewone seksuele fixatie aan zulk gedrag ten grondslag ligt, maar ik denk dat het ook aangeleerd kan zijn, misschien heeft iemand hem als kind gewoon geleerd dat hij op de wc moest masturberen.

Ik heb zelf een keer medewerkers van een school voor speciaal onderwijs gesproken die een leerling hadden die hulp nodig had op de wc. De medewerkers vonden dat hij een fixatie had op de manier waarop hij afgeveegd werd. Ze moesten het papier op een zeer bepaalde manier vouwen en hem vervolgens twee keer afvegen. Omdat men in het team vond dat fixaties uit den boze waren en gebroken moesten worden, probeerden men dit te veranderen.[22] Daarom werd tegen hem gezegd 'we vegen maar een keer af en daarna krijg je een knuffel'. Het is gemakkelijk voor te stellen dat dit tot aangeleerd gedrag leidt dat in de toekomst heel eigenaardig overkomt – een man met autisme die het personeel op de wc wil knuffelen!

Dave Hingsburger en zijn collega's die eerder al werden genoemd, geven ook een voorbeeld van aangeleerd gedrag en hoe dat verkeerd geïnterpreteerd kan worden. Een patiënt met een verstandelijke beperking werd naar hun kliniek verwezen als 'exhibitionist' en 'potentieel verkrachter'. In de instelling waar hij eerder woonde, deelde hij een kamer met anderen. Daar was het volkomen normaal om bijvoorbeeld naakt uit de douche te komen of naakt te zijn in de buurt van andere patiënten of hulpverleners. Toen hij vervolgens naar een andere groep verhuisde, liep hij 's ochtends na het opstaan soms naakt en met een erectie door het huis naar een medebewoonster om te gaan kijken als ze zich aankleedde. Dit zorgde natuurlijk voor problemen. Hingsburger merkt hierover het volgende op:

> Het is merkwaardig dat de samenleving verwacht dat mensen die al tientallen jaren in instellingen wonen, de normen en waarden van een nieuwe omgeving onmiddellijk leren, zodra ze opeens niet meer in een instelling hoeven te wonen. Het is bijna alsof de samenleving verwacht dat deze normen spontaan in iemands hoofd ontstaan tijdens de busreis van de instelling naar de nieuwe omgeving.[23]

Stereotypieën

Motorische stereotypieën zijn zoiets als 'herhaalde ondoelmatige bewegingen' en komen vaak voor bij autisme. Het gaat vaak om bewegingen zoals heen en weer wiegen of wapperen met de handen. Sommige deskundigen zijn van mening dat wat als automutilerend gedrag wordt getypeerd ook een verschijningsvorm van motorische stereotypieën kan zijn. Automutilerend gedrag is, net als seksualiteit, echter zeer complex en er zijn verschillende perspectieven mogelijk. Daarom is het niet erg waarschijnlijk dat er één enkel verklaringsmodel is dat geldt voor alle voorbeelden van dit soort gedrag. Het is vermoedelijk wel een belangrijk perspectief om in acht te nemen bij analyse en beoordeling van gedrag.

Hulpverleners die met supervisie werken, leggen ook een verband tussen stereotypieën en seksueel gedrag:

> Het is belangrijk onderscheid te maken tussen seksualiteit en seksueel gedrag. Het is niet alleen wat iemand doet, maar ook de manier waarop, bijvoorbeeld of iemand zijn geslachtsdelen op een heel stereotiepe manier vastpakt, of dat iemand het met een seksueel doel doet. Je moet je afvragen of er een seksuele intentie is. Je moet geen probleem creëren dat er niet is en als je op de een of andere manier moet ingrijpen, zou je het zo simpel mogelijk moeten doen.

Algemeen over beoordeling

Er bestaat heel wat samengebrachte ervaring van beoordelingen van bijvoorbeeld automutilerend en agressief gedrag bij mensen met autisme. Daarover heb ik eerder geschreven.[24] Enkele meer algemene principes zijn vermoedelijk ook bruikbaar bij de beoordeling van gedragingen zoals hier beschreven.

Er wordt altijd benadrukt hoe belangrijk het is het geheel te zien en niet alleen op het gedrag te focussen. Daarom moeten de volgende vragen deel uitmaken van een beoordeling:

- Heeft de omgeving adequate kennis van en scholing op het gebied van autisme?
- Heeft het werken met de persoon perspectief, dat wil zeggen, wordt er vooruit gekeken en worden er ook plannen gemaakt voor de toekomst?
- Heeft het leven van de persoon in kwestie een afgewogen mengeling van stimulerende en ontwikkelende activiteiten en de mogelijkheid tot rust en ontspanning?

- Heeft de persoon in kwestie toegang tot de hulpmiddelen die nodig zijn om zich te redden in het dagelijks leven? Zijn de dagen begrijpelijk en overzichtelijk?

Meer specifieke vragen bij beoordeling van bijvoorbeeld agressief gedrag zijn:

- Op welk moment van de dag doet het gedrag zich voor? Is er een verband met honger, dorst, vermoeidheid?
- Wat gebeurt er vlak voor en vlak na het gedrag? Is het gedrag een reactie op te hoge of te lage eisen? Is er een verband met de reactie van anderen op het gedrag?
- In gezelschap van welke personen treedt het gedrag op? Is er een verband met bepaalde personen die aanwezig zijn (of afwezig)?

Zoals ik eerder al schreef wordt meestal met nadruk gesteld dat een beoordeling tot een behandelplan moet leiden, dat na een vooraf vastgestelde afgesproken periode wordt geëvalueerd. Zo'n evaluatie is belangrijk. De risico's als er geen tijdstip voor evaluatie wordt bepaald zijn tweeledig. Òf een bepaalde strategie wordt langdurig volgehouden hoewel hij eigenlijk niet werkt, òf een goed functionerende strategie raakt vergeten en er wordt teruggegrepen naar iets wat eerder werd gedaan. Hoelang de periode voor de evaluatie moet zijn, hangt af van het gedrag en de gekozen strategie en kan dus variëren, maar een soort basisregel is dat ze lang genoeg moet zijn om resultaat te kunnen zien. Een maand is vaak een redelijke termijn om mee te beginnen. Je kan natuurlijk niet verwachten dat de hele situatie binnen een maand is opgelost, maar je zou in elk geval moeten kunnen zien of de nieuwe strategie enig resultaat heeft. Na de evaluatie wordt altijd een nieuw tijdstip afgesproken voor de volgende evaluatie (of er wordt opnieuw een beoordeling gemaakt als duidelijk is dat de strategie niet werkt).

Is er wel een probleem?

Natuurlijk moet je je de vraag stellen of het gedrag een probleem vormt. Als het over zoiets als extreem intensieve masturbatie gaat, is het ook belangrijk om andere perspectieven voor ogen te houden. Veel mensen met autisme hebben minder privéleven dan anderen en andere mensen weten daardoor meer wanneer en hoe vaak ze masturberen. Soms worden dingen onnodig geproblematiseerd of wordt de verkeerde kant van het probleem belicht. Ik sprak een keer met hulpverleners die advies wilden over een man met autisme. De hulpverleners werkten in de dagopvang. Het probleem dat ze in eerste instantie formuleerden was dat de man vaak thuisbleef van zijn werk (dat wil zeggen, van de dagopvang) om pornosites op internet te bezoeken en te masturberen. Ze wisten dat hij dat deed als hij niet naar zijn werk kwam, omdat hij het hun zelf had verteld. Als hulpverleners op die manier over een situatie vertellen, krijg je al snel de indruk dat hij bijna nooit op zijn werk verschijnt en hij al zijn tijd besteedt aan porno en masturbatie. Toen ik doorvroeg, bleek echter dat het hoogstens een dag per week voorkwam en meestal niet meer dan een paar dagen per maand. Het was dus vaak niet zo extreem dat het zijn hele leven dreigde te beheersen. Na verdere vragen over zijn thuissituatie bleek dat deze man nog steeds thuis woonde, hoewel hij volwassen was, en bovendien de kamer deelde met een jongere broer. Daardoor was het voor hem natuurlijk moeilijk om een andere mogelijkheid te vinden om ongestoord te masturberen dan door thuis te blijven van zijn werk. Het is helaas niet ongebruikelijk dat hulpverleners met een probleem aankomen waar ze een oplossing voor willen in de vorm van 'hoe kunnen we ervoor zorgen dat deze persoon ophoudt dit of dat te doen?' Toch is dat niet het eigenlijke probleem, zoals in dit geval. Wat we ons moesten afvragen is hoe we deze man aan meer privéleven kunnen helpen. Of hij uit huis zou moeten en hoe dat geregeld zou kunnen worden? Hulpverleners noemen in de interviews ook dat hun aandacht op het verkeerde is gericht, waardoor dingen juist verergerd worden:

> Er was een vrouw in een groep die haar eigen ontlasting opat, iedereen bemoeide zich ermee. Iedereen 'wist' dat ze dat deed en het was een ontzettend item geworden. Maar toen kwam er een nieuwe groepsleidster die zei dat ze het toch eerst zelf moest zien om het te kunnen begrijpen en toen ze keek, bleek dat het eigenlijk helemaal niet zo erg was. Vaak jut je elkaar op met beelden van hoe het is.

Behalve weinig privéleven zoals bij de eerdergenoemde man, is er het feit dat zeer intensieve masturbatie over het algemeen heel gewoon is in de puberteit. Zoals ik eerder schreef, is het echter van belang om dit feit niet te gebruiken als een soort standaardargument om de grote problemen die er kunnen zijn weg te wuiven of te bagatelliseren.

Een ouder vertelt het volgende:

> Het is niet mijn eigen zoon, maar die van mijn man uit een eerder huwelijk. Hij heeft het aspergersyndroom en is volkomen gefixeerd op masturbatie. Hij doet het aan een stuk door. Mijn man heeft gezegd dat hij het op zijn kamer of op de wc mag doen, dus nu zit hij daar voortdurend. Een van de problemen is dat hij erg veel geluid maakt als hij masturbeert en we hebben ook twee jonge dochters. Die vragen zich natuurlijk af wat hij doet en ik vind het moeilijk te bepalen hoeveel ik hun kan uitleggen, wat ik moet zeggen. Het probleem is des te groter omdat het de zoon van mijn man is, dat maakt het voor mij moeilijker om het aan te pakken.

Maar ook hier is de vraag eigenlijk niet hoe de jongen bewogen kan worden om minder te masturberen, maar hoe je hem uit kunt leggen dat hij stiller moet zijn of tijdstippen moet uitzoeken waarop het minder storend is voor de rest van het gezin.

HOOFDSTUK 10

Seksuele voorlichting

In het vorige hoofdstuk schreef ik over het belang van beoordeling voor je een strategie kiest. Als je vervolgens strategieën moet kiezen, is het aanbod waarschijnlijk niet zo groot als je zou willen. Dat komt doordat interventies in verband met autisme en seksualiteit nog niet systematisch zijn onderzocht. Hopelijk zal een verhoogd bewustzijn van deze kwesties ervoor zorgen dat er in de toekomst meer beschrijvingen van strategieën en werkwijzen ontstaan.

Het belangrijkste is om preventief te werk te gaan, om te verhinderen dat er problemen ontstaan. Eén manier van preventie is seksuele voorlichting aan mensen met autisme. Helaas gebeurt het vaak dat men dit soort voorlichting pas achteraf wil geven, om een probleem dat al is ontstaan te corrigeren. Veel mensen die met autisme werken voelen zich onzeker over de wijze van voorlichten en daarom wordt het onderwerp soms helaas overgeslagen. Veel hulpverleners zeggen ook dat ze graag iemand van buiten willen om hun leerlingen voor te lichten over seksualiteit en relaties, een soort 'expert', bijvoorbeeld iemand van RFSU.[25] Ik ben er echter van overtuigd dat het moeilijk is voor iemand van een instantie als RFSU om zoveel over autisme te leren dat hij de informatie zo aan zou kunnen passen dat ze begrijpelijk wordt voor mensen met autisme/het aspergersyndroom. Het is waarschijnlijk gemakkelijker voor hulpverleners die al verstand hebben van autisme om voldoende over seksualiteit te leren om de voorlichting te verbeteren. Onder de geïnterviewden was maar één hulpverlener die seksuele voorlichting heeft gegeven aan leerlingen met het aspergersyndroom.

Ze vertelt:

> Je moet heel individualistisch werken en fingerspitzengefühl hebben. We hebben het onderwerp per kind aan de orde gesteld op een leeftijd die wij geschikt vonden. We proberen seksualiteit niet los van andere onderwerpen te behandelen en beginnen al jong over het lichaam te praten, want hoe kun je over seksualiteit praten als je het niet over het lichaam hebt gehad? We hebben het ook over de hersenen en de zintuigen, want seksualiteit heeft natuurlijk ook te maken met denken. We beginnen, zoals ik al zei, met individuele kinderen en daarna hebben we het erover in kleine groepen van twee kinderen. We zijn ook bezig met onderlinge contacten, sociale interactie en we praten met de kinderen over hun diagnose. Seksualiteit en relaties zijn een deel van het leren van sociale vaardigheden. We zijn al in dialoog met de kinderen en dat maakt het gemakkelijker om het hier over te hebben. Als we over het lichaam en over sociale interactie gesproken hebben dan hebben ze iets om het aan op te hangen. We zien dat het moeilijker is voor de leerlingen die hier pas komen als ze naar de middelbare school gaan. Ze zijn eerder naar een gewone basisschool geweest en hebben deze basis nog helemaal niet. Seksuele voorlichting kan dan verwarrend zijn.
>
> Zo hadden we een leerlinge die hier kwam toen ze een jaar of veertien was. Ze had eerst op een gewone middelbare school gezeten en daar was ze mee geweest met een studiebezoek aan een voorlichtingscentrum voor jongeren. Dat meisje had geen enkel begrip van de werking van het lichaam waaraan ze dat bezoek kon koppelen. Op een dag kwam ze

te laat op school, ze was toen zestien. Toen we haar vroegen waarom ze te laat was zei ze dat ze naar het voorlichtingscentrum was geweest. De reden was dat ze de avond daarvoor op televisie een soap had gezien waar een meisje een zwangerschapstest deed die positief bleek. Dit meisje dacht toen dat het belangrijk was om te checken of ze zwanger was. Na het studiebezoek met haar vroegere klas wist ze dat je zo'n test kon laten doen bij het jongerencentrum. Daarom was ze daar nu langs geweest voor een test. Ze had er echter geen flauw benul van dat zwangerschap verband houdt met seks. Ze zou die informatie stapsgewijs moeten hebben gekregen en de docent zou zich ervan moeten vergewissen dat ze het begrepen had.

Mijn persoonlijke ervaringen met seksuele voorlichting zijn afkomstig uit het afgelopen jaar waarin ik als mentor heb gewerkt bij een paar instellingen voor jongeren met het aspergersyndroom waar dit actueel werd. Samenvattend was het niet zo moeilijk en dramatisch als de hulpverleners van tevoren dachten. De hulpverleners waren ook ongerust, ze dachten dat het misschien niet goed zou zijn, omdat de leerlingen plotseling volledig gefixeerd zouden kunnen raken op seks of masturbatie als er over het onderwerp werd gepraat. Die bezorgdheid bleek nergens voor nodig, iets dergelijks gebeurde niet, wat overigens overeenkomt met het resultaat van een onderzoek (zie Bijlage A). Daaruit bleek dat mensen met autisme die meer kennis over seksualiteit hebben er geen grotere belangstelling voor tonen dan anderen.

Helaas blijken volwassenen en hulpverleners hun eigen onzekerheid om over het onderwerp te praten te verstoppen achter een gordijn van bezorgdheid over het effect dat voorlichting op de kinderen/leerlingen zal hebben. Dat geldt overigens ook in zeer hoge mate voor het praten met kinderen en jongeren over hun diagnose.

Ook ouders zijn ongerust dat informatie over seksualiteit zal leiden tot een fixatie op seksueel gedrag. Het lijkt in het algemeen waarschijnlijker dat iemand gefixeerd raakt op iets wat hij of zij niet goed begrijpt, dan dat iemand plotseling gefixeerd raakt op iets waar hij of zij informatie over krijgt. In een kleinschalig onderzoek van Ously en Mesibov (zie Bijlage A) wordt ook geconstateerd dat kennis over seksualiteit niet correleert met belangstelling of ervaring. Meer kennis van seksualiteit wekt geen belangstelling, maar is de voorwaarde dat al geïnteresseerde mensen met autisme de mogelijkheid krijgen om hun behoeften te bevredigen, aldus de onderzoekers.

Mensen die werken of samenleven met autistische mensen met een verstandelijke beperking bevinden zich meestal in de praktische realiteit waar problematisch gedrag snel opgelost moet worden. De geïnterviewden zeggen dat ze het erover hebben gehad met anderen (met andere ouders, als het om ouders gaat, of met collega's) en vervolgens hebben geprobeerd wat ze zelf konden bedenken, maar dat ze er onzeker over zijn of ze het goed gedaan hebben, zelfs als het gewenste resultaat bereikt is, dat wil zeggen, dat het gedrag is opgehouden. Ze zijn bang dat wat ze gedaan hebben betuttelend overkomt, slecht is voor het zelfvertrouwen of ertoe bijdraagt dat de persoon geen positieve houding ontwikkelt tegenover de eigen seksualiteit. Een aantal instellingen heeft een seksuoloog om raad gevraagd, maar de meesten zeggen dat ze geen of weinig hulp hebben gehad van een seksuoloog bij het stroomlijnen van problematische gedragingen van autisten. Ze hebben daarentegen soms wel baat gehad bij een seksuoloog die het team op een algemeen theoretisch niveau heeft geholpen bij het praten over seksuele zaken en die de eigen waarderingen van die onderwerpen heeft zichtbaar helpen maken.

Hulpverleners die ook als supervisor werken zeggen dat het moeilijk is om advies te geven. Een gemeenschappelijk punt van iedereen met wie ik gesproken heb is dus dat niemand het antwoord heeft op wat je moet doen en dat iedereen vraagt naar meer informatie. Wat in dit hoofdstuk volgt moet daarom gezien worden als een concept of opzet en niet als regel of absolute waarheid. Er bestaan geen 'recepten' voor succesvolle behandeling van andere problematische gedragingen – wat bij wie helpt varieert sterk – en er zijn geen redenen om aan te nemen dat seksueel gedrag en relaties hier een uitzondering op zijn.

Een algemene richtlijn voor seksuele voorlichting aan mensen met autisme/asperger is dat die altijd aangepast moet worden aan hun leeftijd en verstandelijke vermogens. Dat houdt in dat je iemand met een ernstige verstandelijke beperking en autisme zonder taalvermogen niet kan uitleggen wat zoiets als geslachtsgemeenschap is; die persoon is niet in staat om deze informatie te begrijpen. Maar afgezien van dit vanzelfsprekende principe zijn er twee houdingen tegenover seksuele voorlichting aan mensen met autisme.[26] De ene opvatting is dat de voorlichting een beperkte inhoud moet hebben die gebaseerd is op wat de autisten zelf op een realistische wijze in seksueel opzicht kunnen bereiken, terwijl de andere opvatting is dat je het recht niet hebt om te censureren. De verwachting dat iemand geen intieme relaties zal hebben, betekent niet dat je hem/haar informatie daarover moet onthouden. Het is om diverse redenen gemakkelijk om met de laatste te sympathiseren, vooral omdat niemand kan weten wat iemand anders in het leven zal bereiken. Zoals eerder in dit boek naar voren komt, blijken mensen met autisme en het aspergersyndroom op grotere schaal relaties te hebben dan je zou geloven als je je baseert op de heersende opvattingen en de bestaande literatuur over het onderwerp. Een andere reden is dat zelfs als je in werkelijkheid zelf nooit geslachtsgemeenschap zult hebben, je zeer waarschijnlijk de behoefte hebt te weten wat het is, omdat je er beschrijvingen van tegenkomt in de media en dergelijke.

Op basis van mijn interviews, mijn eigen ervaring en mijn lectuur volgen hier enkele uitgangspunten voor hulpverleners in verband met seksuele voorlichting. Dit is echter geen kant-en-klaarrecept, eerder een ruwe schets.

- De voorlichting moet geïntegreerd worden in het onderwijs voor sociale ontwikkeling, dat wil zeggen, in onderwijs over relaties en gevoelens in het algemeen. Mensen met autisme/het aspergersyndroom hebben hier al jong behoefte aan. Het moet ook geïntegreerd worden in onderwijs over lichaamsfuncties en inzicht in het eigen lichaam en lichaamsbeleving. Mensen met een stoornis binnen het autismespectrum zijn in dit opzicht vaak vertraagd. Daarom is het belangrijk om puur praktisch en concreet te oefenen met zelfbeeld en lichaamsopvatting. Voor sommige jongeren is het nodig om in de puberteit aan de slag te gaan met zaken die gewoonlijk met veel jongere kinderen gedaan worden. Veel spelletjes voor kinderen van een jaar of zeven hebben het lichaam als thema, waarschijnlijk omdat dit op dat moment actueel is voor kinderen met een normale ontwikkeling. Voor kinderen met het aspergersyndroom is dat op die leeftijd (als hij of zij het hoe dan ook al heeft meegemaakt) vaak alleen maar verwarrend en onbegrijpelijk vanwege de verlate of andersoortige ontwikkeling van de perceptie, motoriek en lichaamsbeleving. Daarom kan het voor deze jongeren zeer nuttig zijn om met zulke taken aan de slag te mogen. Zoals altijd geldt het principe van individualisering, dat wil zeggen dat de persoon aangesproken wordt op het niveau waarop hij of zij zich bevindt. Hier lijkt het me waardevol om het beleidsdocument te citeren van de Engelse school voor speciaal onderwijs voor kinderen met autisme, Springhallow school.[27] Daarin staat dat seksuele voorlichting 'een voortdurend proces in het leven is en niet iets wat op een bepaald tijdstip afgeleverd wordt'. Dat zou vanzelfsprekend moeten zijn. Ons systeem waarin seksuele voorlichting een duidelijk afgebakende en vaak éénmalige activiteit is, is wat vreemd als je bedenkt dat seksualiteit en relaties (in de brede zin van het woord) al op de kleuterleeftijd actueel zijn en dat voor het overgrote deel van de mensen de rest van hun leven ook blijven.

- Het onderwijs kan ouders prima bij de voorlichting betrekken. Er zijn hier goede voorbeelden van. Anne Moore en Karen Eastwood van de Walton Leigh School in Engeland hebben beschreven hoe ze te werk zijn gegaan.[28] Op deze school is een lespakket ontwikkeld dat samen met een serie workshops voor ouders wordt gebruikt. Ze zijn van mening dat een nauwe samenwerking tussen school en ouders een gedeelde visie op deze kwesties oplevert, waar ook de leerling baat bij heeft. Leerlingen die anders in de war raken door een veelheid aan begrippen, worden geholpen wanneer thuis en op school dezelfde woorden worden gebruikt. Er zijn vier workshops voor ouders (die het onderwijs dat de leerlingen krijgen volgen) waar waarden en aannamen worden besproken evenals het materiaal en de onderwijsstrategieën die voor de leerlingen worden gebruikt. Ook worden er video-opnames gemaakt van het werk met de leerlingen zodat de ouders kunnen zien wat er gebeurt tijdens de seksuele voorlichting. Met de ouders worden zaken besproken als dubbele boodschappen die de omgeving afgeeft, het recht op een privéleven van mensen met autisme (dat soms niet wordt gerespecteerd), het risico dat mensen met autisme te meegaand zijn en dat het belangrijk is dat mensen met autisme hulp krijgen bij het ontwikkelen van een sociaal netwerk. Er is nog een instelling die ervan uitgaat dat het belangrijk is om ouders als hulpmiddel in te zetten, namelijk een groep die verbonden is aan Chedoke McMasters Hospitals in Canada. Daar is men bezig met een *parenting skills enhancement group* over autisme en seksualiteit. Hun werkzaamheden worden uitvoeriger beschreven in Bijlage A.

De inhoud van seksuele voorlichting verschilt uiteraard per leeftijdsgroep, maar hier volgen algemene ideeën over wat erbij zou moeten horen. Lees dit met in het achterhoofd de gedachte dat je je altijd aan moet passen aan het begripsvermogen en ontwikkelingsniveau van degene die voorgelicht wordt.

- *Het verschil tussen privé en openbaar*, en welk gedrag waar gepast is.
- *Het verschil tussen de seksen* en dat dit een rol speelt bij de kleedkamer die je kiest in het zwembad en bij de wc waar je heen gaat.
- *Hygiëne*. Hier gaat het erom om zowel vanuit medisch als sociaal perspectief uit te leggen waarom hygiëne belangrijk is. Het kan goed zijn om al vroeg informatie te geven over de mogelijkheid tot hulp bij het praktisch aanleren van hygiëne. Jonge mensen met het aspergersyndroom krijgen vaak dergelijke hulp (bijvoorbeeld in de vorm van stapsgewijze beschrijvingen en douchetijden in een rooster). Bij volwassenen met het aspergersyndroom die graag een relatie willen, kan het hygiëneprobleem soms een van de grootste belemmeringen zijn om dat verlangen te realiseren.
- *Het recht op het eigen lichaam* en om nee te zeggen tegen ongewenste aanrakingen. Er zijn hiervoor diverse programma's voor kinderen en jongeren zonder functiebeperking ontwikkeld. Die kunnen ook voor leerlingen met autisme gebruikt worden, in elk geval om inspiratie uit te putten. Er is ook speciaal materiaal gemaakt voor mensen met een verstandelijke beperking.[29] Onderwerpen die hier aan de orde kunnen komen zijn praten over gevoelens en hoe je kan herkennen dat je je niet goed behandeld voelt. Met in je achterhoofd de beschrijvingen van vrouwen met asperger die pas tien tot twintig jaar na de puberteit begrepen dat ze misbruikt waren, is het zinnig te praten over misbruik en gelijkwaardige relaties. Ook internetcontacten en de risico's daarvan kunnen hierbij aan de orde komen. Sommige mensen met autisme hebben bijvoorbeeld niet in de gaten dat je je op internet heel gemakkelijk voor iemand anders uit kunt geven. Informatie en discussies over porno horen hier ook thuis.

- *Informatie over lichaamsveranderingen in de puberteit en over masturbatie, geslachtsgemeenschap en voortplanting.* Het blijkt moeilijk om hier goed lesmateriaal over te vinden, een aantal docenten van leerlingen met asperger in de leeftijd van 12 tot 15 jaar, vindt dat het bestaande materiaal niet geschikt is voor deze leerlingen. Het is te veel gericht op geslachtsziekten (waar sommige mensen met het aspergersyndroom zeer negatief op reageren, vooral de realistische plaatjes van de ziekten vallen niet goed) en het belang van veilig vrijen. Soms wordt ervan uitgegaan dat de leerling bepaalde ervaringen heeft die hij of zij niet heeft (zoals verliefd zijn of met iemand gezoend hebben). Veel mensen met het aspergersyndroom zijn, zoals gezegd, vertraagd in hun emotionele ontwikkeling en seksueel worden ze later actief dan gemiddeld. Daarom is het belangrijk dat de voorlichting op de juiste manier wordt aangepast. Het is ook van belang om het taalgebruik af te stellen op de zeer concrete taal- en werkelijkheidsopvatting van sommige leerlingen.
- *Informatie en gesprekken over verschillende soorten relaties*, vriendschap, liefde, scheidingen en verschillende gevoelens die in dit verband vaak voorkomen, zoals verliefdheid en verdriet.
- *Informatie over homo- bi-, trans- en aseksualiteit.* Zoals in hoofdstuk 7 besproken, lijkt het me belangrijk dat al deze mogelijkheden ter sprake komen.

Hoe er te werk wordt gegaan, hangt af van de leerling en/of de groep. Sommige docenten gaan eerst met individuele leerlingen aan de slag en vervolgens met de groep. Eén manier om met oudere en hoog functionerende leerlingen te werken, is vragen wat ze denken te weten en waar ze meer over zouden willen weten. Vaak is het beter om dit schriftelijk te doen, omdat de moeilijkheden met sociale interactie en communicatie het vaak te ingewikkeld maken als het mondeling en oog in oog met anderen gebeurt.

Op sommige plaatsen, onder andere aan de eerder genoemde Walton Leigh school, wordt met rollenspelen en diverse praktische oefeningen gewerkt. Welke werkvorm wordt gekozen, hangt natuurlijk niet alleen af van de behoefte van de leerlingen, maar ook van de kennis van docenten en waar zij zich prettig bij voelen.

Wat de literatuur betreft, zijn er behalve de al genoemde Engelse artikelen ook de tekst van Alison Ford uit 1987, een hoofdstuk over seksuele voorlichting in het boek *Handbook of autism and pervasive developmental disorders* alsmede een tekst van Mary Melone en Amy Lettick in het boek *Autism in Adolescents and Adults* uit 1983. Fords tekst wordt besproken in Bijlage A. Hoewel de tekst niet zo recent is, blijven veel kwesties die ze aansnijdt tot op de dag van vandaag houdbaar. Ze schrijft over het belang van structuur en heeft kritiek op de restrictieve houding van Melone en Lettick ten aanzien van de inhoud van seksuele voorlichting (zie hieronder). Ford schrijft:

> Zoals Melone en Lettick al stellen is er een duidelijk risico verbonden aan de onvoorwaardelijke toegang tot mogelijkheden van seksuele relaties, namelijk het risico van misbruik. In welke context er ook wordt nagedacht over het seksueel functioneren van mensen met autisme, het is altijd van zeer groot belang dat ze beschermd worden tegen seksueel misbruik, door andere gehandicapten of normale personen. De totale ontkenning van de mogelijkheden voor positieve seksuele uitingen, brengt echter eveneens risico's met zich mee. Stel dat het vermogen van iemand om een wederkerige, bevredigende relatie aan te gaan onderschat wordt. Stel dat mensen hun seksualiteit gaan beschouwen als iets dat onderdrukt in plaats van ontwikkeld moet worden. Stel dat beperkte verwachtingen worden vertaald in daden waardoor het een individu systematisch onmogelijk gemaakt wordt om basale kennis over sociaal en seksueel gedrag te verwerven.
>
> Ergens op dit continuüm bevindt zich een aanpak die oog heeft voor de problemen die autisten hebben met sociale

vaardigheden, terwijl tegelijkertijd wordt erkend dat het mogelijk is om wederzijds plezier te beleven aan een intieme, sociale en seksuele relatie voor iemand met autisme. De informatie en mogelijkheden moeten daarbij worden gestructureerd om de volle ontplooiing van de seksuele kennis van iemand met autisme mogelijk te maken.[30]

Melone en Lettick beschrijven hoe seksuele voorlichting wordt gegeven op Benhaven, een internaatschool in Connecticut voor mensen met autisme. Ze wijzen op het belang om leerlingen te leren 'wanneer en waar' seksuele gedragingen toegestaan zijn. Ze schrijven ook dat ze bij hun voorlichtingswerk hebben gemerkt dat de omgeving er vaak van uitgaat dat oudere leerlingen met autisme dingen weten zoals dat je je moet afvegen als je naar de wc bent geweest. Toch is het helemaal niet zeker dat ze die kennis echt hebben en het moet dus onderwezen worden.

Het programma van Benhaven voor seksuele voorlichting is ontwikkeld toen de leerlingen de leeftijd bereikten waarop ze behoefte kregen aan informatie op dit gebied. Voor de auteurs het programma ontwikkelden, vroegen ze zich af op welke leeftijd er met seksuele voorlichting moest worden begonnen. De conclusie was dat er geen algemeen antwoord op die vraag is, omdat leeftijd niet het enige is dat bepaalt of een leerling er klaar voor is. Het programma zoals beschreven in het boek, omvat 16-25 lesuren (16 voor jongens, 25 voor meisjes) als het helemaal doorlopen wordt. Welke delen aan welke leerlingen gegeven worden en wanneer, wordt bepaald in overleg met de ouders/verzorgers.

De onderdelen van het programma zijn:

- Identificatie van lichaamsdelen (daarbij worden inwendige organen buiten beschouwing gelaten omdat de leerlingen vaak moeite hebben met abstractie en generalisatie).

- Menstruatie (alleen voor meisjes; het belang van het gebruik van maandverband, tampons etc. op de wc wordt benadrukt, zodat ze meteen leren waar dit gedaan hoort te worden).
- Masturbatie (de docent legt uit wat masturbatie is en vertelt over gevoelens die te maken hebben met masturbatie, de klemtoon ligt op waar en wanneer het gepast is om te masturberen als de leerling daar zin in heeft).
- Lichamelijk onderzoek (hier wordt beschreven hoe gynaecologisch onderzoek in zijn werk gaat en er wordt gebruikgemaakt van rollenspelen om de verschillende stappen te oefenen, dit is alleen voor meisjes).
- Persoonlijke hygiëne (hier wordt uitgelegd hoe je je geslachtsdelen schoonhoudt en waarom dat belangrijk is. Ook moeten leerlingen leren dat als hun kruis jeukt, bloedt of pijn doet ze dat tegen iemand in hun omgeving moeten zeggen).
- Seksualiteit en sociaal bewustzijn (dit gaat over gedrag in verband met seksualiteit, bijvoorbeeld wanneer je naakt kunt zijn. Bij dit onderdeel zijn de groepen soms gemengd).

Sommige onderdelen van dit programma zijn verstandig en goed doordacht, terwijl ik bij andere onderdelen vragen heb. Zo schrijven de auteurs dat de leerlingen wordt geleerd dat 'mannen en vrouwen nooit naakt zijn in elkaars buurt, maar dat het soms oké is om naakt te zijn met mensen van het eigen geslacht (bijvoorbeeld als je je omkleedt in een kleedkamer)'. De tekst is bijna twintig jaar oud; hopelijk is het programma inmiddels aangepast.

Ford geeft geen inhoudelijk model voor seksuele voorlichting, maar maakt een lijst van voorbeelden uit de literatuur over seksuele voorlichting, die grotendeels dezelfde punten bevat als dit hoofdstuk.

Ik besluit met een vraag van een hulpverlener die het overdenken waard is:

Wat als iemand het aspergersyndroom heeft en seksuele voorlichting krijgt op school of zo, maar er nog niet rijp voor is om die informatie in zich op te nemen? Wie zorgt er dan voor dat die persoon die informatie later krijgt? Want je kan die kennis best nodig hebben als je 20 of 25 bent.

HOOFDSTUK 11

Sociale verhalen en andere visuele strategieën

Het begrip sociale verhalen werd al eerder in dit boek genoemd. Voor veel professionals is het een belangrijk instrument in hun werk met mensen met een autistische stoornis. Sociale verhalen kunnen het begrip vergroten van wat er in verschillende situaties van mensen verwacht wordt en hoe anderen op hun gedrag kunnen reageren. De methode is oorspronkelijk ontwikkeld door Carol Gray, een Amerikaanse pedagoog die boeken heeft gepubliceerd over wat zij sociale verhalen en 'stripgesprekken' noemt. Carol Gray heeft anderen expliciet aangespoord om te experimenteren en hun eigen varianten van de methode te ontwikkelen.

De basisgedachte is dat veel mensen met autisme en het aspergersyndroom er moeite mee hebben om informatie in zich op te nemen die alleen verbaal aangeboden wordt. Daarnaast vinden ze het moeilijk om te begrijpen welke verwachtingen anderen van ze hebben en hoe anderen denken en voelen. Daarom worden pen en papier gebruikt om situaties visueel te verduidelijken en te illustreren. Het voordeel is dat je dan ook gedachtewolkjes kunt tekenen die laten zien dat anderen iets kunnen denken wat ze niet zeggen. Nog een voordeel is dat informatie die op papier staat beklijft, je kan er later opnieuw naar kijken.

Een sociaal verhaal is altijd toegespitst op de persoon voor wie het bedoeld is. Omdat iedere persoon uniek is, is ook elk sociaal verhaal uniek. Dat betekent dat mijn voorbeelden niet voor gebruik bedoeld zijn; ze zijn niet meer dan voorbeelden die laten zien wat je kan doen.

Een belangrijk en algemeen uitgangspunt is dat er een vertrouwensband bestaat tussen degene die schrijft en tekent en de ontvanger. Het gebeurt regelmatig dat je hulpverleners iets hoort zeggen in de trant van 'die sociale verhalen die zo goed zouden zijn, hebben we geprobeerd, maar het werkt totaal niet.' Als je doorvraagt blijkt dan dat een teamlid de persoon helemaal niet zo goed kent, plotseling een 'verhaal' heeft gepresenteerd over hoe die zich beter zou kunnen gedragen. Is het dan vreemd dat dit niet in dank werd aangenomen? Sociale verhalen moeten niet 'iemand opvoeden'. Als ze dienen om iemands gedrag te controleren, dan zit je op het verkeerde spoor. Het idee is dat iemand meer *begrip* krijgt van de situatie, zodat hij of zij kan *kiezen* hoe hij of zij zich wil gedragen. Sociale verhalen zijn dus geen sturingsmiddel, maar een hulpmiddel voor inzicht. Het is belangrijk om dat altijd in je achterhoofd te houden. Natuurlijk is het een uitdaging, zeker in het begin, om deze verhalen op zo'n manier te presenteren dat de betrokken persoon inziet dat hij of zij er zijn of haar voordeel mee kan doen. Bescheidenheid is het sleutelwoord. Je kan beter pen en papier tevoorschijn halen met de woorden 'misschien kan ik proberen het zo uit te leggen', in plaats van het verhaal zomaar op te dringen. Natuurlijk is ook dit geen universeel werkende methode.

Voor je een sociaal verhaal schrijft, moet je via een beoordeling tot een hypothese over het gedrag gekomen zijn. Daarnaast is het goed om zoveel mogelijk kennis van het gedrag te hebben, zoals waar het gebeurt en met wie.

Voorbeeld: Een jongen met het aspergersyndroom achtervolgt meisjes die hij leuk vindt, de meisjes worden kwaad en geïrriteerd en in sommige gevallen ook bang. Een van de hulpverleensters van de naschoolse opvang kent hem het best, hij lijkt haar het meest te vertrouwen. Daarom is zij de aangewezen persoon om een sociaal verhaal schrijven. Ze informeert zich bij zijn ouders en in de school waar en wanneer het probleem het grootst is en krijgt te horen dat het probleem het grootst is na schooltijd, als hij in het weekend en 's avonds gaat fietsen. Ze verneemt dat het eenzame fietsen hem een groot gevoel van vrijheid geeft. Het gedrag oplossen door hem niet meer te laten fietsen is dus geen optie. Verder blijkt dat hij vooral meisjes met lang blond haar achtervolgt.

Carol Gray heeft een aantal regels ontwikkeld voor het schrijven van een sociaal verhaal. Volgens haar zijn er twee soorten zinnen om het verhaal op te bouwen:

- Beschrijvende zinnen over wat er gebeurt, wie erbij zijn en wat ze doen. Woorden als 'altijd' en 'nooit' die de mogelijkheid uitsluiten dat het anders is of kan veranderen, moeten volgens Carol Gray vermeden worden.
- Perspectiefzinnen die de perspectieven van verschillende mensen op de situatie weergeven en uitleggen wat ze voelen of denken.

Een ander type zinnen wordt slechts een enkele keer gebruikt:

- Directieve zinnen die gedragsalternatieven aandragen. Het is belangrijk dat ze positief opgeschreven worden en geen 'bevel' zijn.
- Controlezinnen die het verhaal gewoonlijk afsluiten. Deze zin kan heel goed door de persoon zelf bedacht worden. De zin is bedoeld als hulpmiddel om de inhoud van het verhaal te onthouden of om een situatie te hanteren.

Als je voor bovengenoemd voorbeeld een sociaal verhaal zou schrijven, zou dat er als volgt uit kunnen zien:

> In het weekend ga ik vaak fietsen. Het is leuk om buiten in m'n eentje te fietsen. Andere jongeren, zowel meisjes als jongens, kunnen ook alleen buiten fietsen of wandelen. Als ik aan het fietsen ben, zie ik soms een meisje met mooie haren en dan fiets ik achter haar aan.
>
> Meisjes die alleen buiten lopen kunnen bang worden als een jongen die ze niet kennen achter hen aan fietst. Als ze bang worden, worden hun ouders misschien boos op me en dan bellen ze mijn moeder, die dan ook boos wordt. Ik vind het vervelend als mijn moeder boos wordt en mijn moeder vindt het ook niet leuk om boos te worden.
>
> Om de meisjes niet bang te maken, ga ik proberen om niet achter ze aan te fietsen. Ik kan in plaats daarvan foto's verzamelen van meisjes die van dat mooie haar hebben. Ik kan naar ze kijken als ik langs ze fiets en denken dat ze mooi haar hebben en daarna door fietsen. Als ik aan het fietsen ben, kan ik eraan denken dat mijn vader meefietst, want als mijn vader meefietst, fiets ik niet achter meisjes aan. Of ik kan mijn moeder of Lena van de naschoolse opvang vragen om me te helpen van tevoren een route te bedenken, zodat ik precies weet hoe ik zal fietsen.

Dit mogelijke verhaal wordt samen met de betrokkene geschreven. Zijn ideeën en voorstellen liggen ook ten grondslag aan het verhaal, maar de schrijver is degene die stuurt. Als 'Lena van de naschoolse opvang' een sociaal verhaal met de jongen wil schrijven, pakt ze gewoon pen en papier, gaat met de jongen zitten en zegt iets in de trant van 'Weet je, je fietst achter meisjes aan als je aan het fietsen bent en je moeder wordt dan boos op je – ik dacht: als we nou eens zouden proberen om er een verhaal over te schrijven. Dan snap je misschien beter wat er gebeurt en kunnen we een soort oplossing verzinnen.' Het gesprek zou dan als volgt kunnen verlopen:

Lena: We kunnen beginnen met te beschrijven wat je doet. Zullen we dit opschrijven? (Lena schrijft en leest voor) 'In het weekend ga ik vaak fietsen. Het is leuk om buiten in m'n eentje te fietsen. Andere jongeren, meisjes en jongens, kunnen ook alleen buiten fietsen of wandelen.'

(Dit zijn twee beschrijvende zinnen. Als Kalle altijd in een bepaald gebied fietst, dan schrijft Lena de naam van dat gebied ook op, om het nog duidelijker te maken.)

Kalle: Hmm.
    Lena: En wat gebeurt er dan?
    Kalle: Dat ik achter ze aan fiets…

(Dit antwoordt Kalle omdat hij weet dat dit het probleem is. Het kan natuurlijk ook zo zijn dat hij het probleem niet begrijpt en dan moet Lena het gesprek nog meer leiden.)

Lena: Oké, dan schrijven we dit op: 'Als ik aan het fietsen ben, zie ik soms een meisje met mooie haren en dan fiets ik achter haar aan.'

(Dit is nog een beschrijvende zin. Door het verhaal samen met Kalle te schrijven kan ze er ook achterkomen of dat van het haar wel klopt. Kalle zou kunnen protesteren en zeggen dat dat niet waar is.)

Kalle: … (zegt niets)
    Lena: En dan gaan we verder: 'Meisjes die alleen buiten lopen kunnen bang worden als een jongen die ze niet kennen achter hen aan fietst. Als ze bang worden, dan worden hun ouders misschien boos op me en dan bellen ze mijn moeder, die dan ook boos wordt. Ik vind het vervelend als mijn moeder boos wordt en mijn moeder vindt het ook niet leuk om boos te worden.'

(Dit zijn perspectiefzinnen die beschrijven wat Kalle en anderen voelen. Ze kunnen een verband laten zien dat Kalle eerder niet zag. Veel mensen met autisme en het aspergersyndroom hebben de neiging om hun omgeving op te vatten als details in plaats van als geheel. Het is mogelijk dat Kalle de reacties van de meisjes en de gesprekken met zijn moeder thuis niet echt met elkaar in verband gebracht heeft. Dat dit verhaal samen met Kalle geschreven wordt kan ook tot gevolg hebben dat hij dingen zegt die ervoor zorgen dat Lena het verhaal verder uitwerkt. Misschien beseft Lena dat Kalle niet goed begrijpt wat bang is, of hoe het voor anderen voelt om bang te zijn. Maar omdat ze Kalle kent, weet ze dat hij bang is voor spinnen. Dan kan ze dat gebruiken en de zin toevoegen: 'Als je bang bent, voelt dat net zo eng in je hele lichaam als wanneer er een spin in je kamer zit.')

Lena: Wat kun je doen zodat ze niet bang worden en je moeder niet boos wordt?
Kalle: Niet achter ze aan fietsen.

(Misschien zegt hij dat mechanisch, omdat hij weet dat hij niet achter ze aan moet fietsen, maar hij maakt zich er waarschijnlijk geen illusies over dat hij het zou kunnen laten omdat hij geen functionerende strategieën heeft waar hij gebruik van kan maken. Hij kan natuurlijk net zo goed 'ik weet het niet' antwoorden of helemaal niets zeggen.)

Lena: Dan schrijven we dit: 'Om de meisjes niet bang te maken, ga ik proberen om niet achter ze aan te fietsen.' Heb je een idee wat je in plaats daarvan zou kunnen doen?
Kalle: Nee.
Lena: Misschien zou je thuis plaatjes kunnen verzamelen. Ik heb gezien dat je wat plaatjes hebt uitgeknipt van meisjes met haar dat je mooi vindt en in je bakje hebt gelegd. Je kunt een plakboek maken met zulke plaatjes om naar te kijken. Ik schrijf dit op: 'Ik kan in plaats daarvan foto's verzamelen van meisjes die van dat mooie haar hebben. Ik kan naar

ze kijken als ik langs ze fiets en denken dat ze mooi haar hebben en daarna door fietsen.'

(Lena heeft van tevoren een voorstel voor een strategie bedacht.)

Lena: Kun je nog iets anders verzinnen waardoor je gemakkelijker kunt onthouden dat je niet achter meisjes aan moet fietsen als je buiten bent?
Kalle: Nee.
Lena: Ben je wel eens aan het fietsen zonder dat je achter meisjes aan fietst?
Kalle: Als papa erbij is.
Lena: Oké, dan schrijven dit op: 'Als ik aan het fietsen ben, kan ik eraan denken dat mijn vader meefietst, want als mijn vader meefietst, fiets ik niet achter meisjes aan.'
Kalle: Als ik een kaart had met een route die ik zou fietsen zou het vast ook makkelijker zijn!
Lena: Dan schrijven we ook: 'Of ik kan mijn moeder of Lena van de naschoolse opvang vragen om me te helpen een route te bedenken, zodat ik precies weet hoe ik zal fietsen.' Volgens mij is het verhaal dan af, zou je het voor me kunnen doorlezen, Kalle?
Kalle: Ja, hoor. (leest)
Lena: Ik stel voor dat we dit verhaal hier in je bakje leggen, dan kun je er weer naar kijken als je bent vergeten wat je kunt doen. Misschien is het een goed idee om er een kopie van te maken zodat je er thuis ook een hebt. Misschien helpt het als je er voor je gaat fietsen even naar kijkt. Wil je het kopiëren op het secretariaat?
Kalle (die van kopieerapparaten houdt): Ja!

Dit is een poging om te beschrijven hoe het kan gaan. Natuurlijk kunnen mensen met autisme of het aspergersyndroom meer of minder bereid zijn om mee te werken dan hierboven beschreven. Uiteraard wordt ook de inhoud, zowel van het verhaal als van het gesprek, aangepast aan de leeftijd, het taalbegrip en ontwikkelingsniveau. Een aantal mensen met autisme of het aspergersyndroom heeft ook lees- en schrijfproblemen. In dat geval kan het verhaal nog korter, er kan een grotere regelafstand gebruikt worden en per regel niet meer dan één zin geschreven worden.

Soms veroorzaakt het sociale verhaal een aha-erlebnis en leidt het zodoende tot een directe verandering. Soms duurt het langer en moet het verhaal vele malen herlezen worden. Soms lukt het helemaal niet om een gedragsverandering te bewerkstelligen.

Sociale verhalen kunnen ook van tevoren geschreven worden en vervolgens aan de persoon gepresenteerd worden. Voor sommige mensen is het dan gemakkelijker het op te nemen, zeker als het gevoelig ligt. Anderen vinden het gemakkelijker om het op te nemen als ze hebben kunnen meeschrijven. Het is een kwestie van proberen en een manier vinden die het beste past bij de betrokkene.

Er zijn, zoals ik eerder al schreef, vergelijkbare hulpmiddelen. Het stripgesprek bijvoorbeeld. Een stripgesprek wordt meestal samen met de persoon gedaan en houdt vaak direct verband met wat er net is gebeurd. Een stripgesprek over een eerder genoemd probleem (een man met autisme die vrouwen in hun borsten knijpt) zou er als volgt uit kunnen zien:

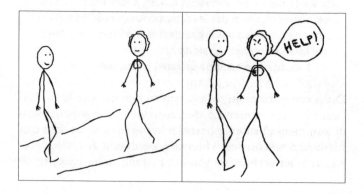

Als de persoon een goed taalbegrip heeft, wordt er natuurlijk meer over de plaatjes gesproken. Een meisje dat denkt dat een jongen haar pijn wil doen kan geïllustreerd worden met een gedachtewolkje. Ook kan een verhaal worden gemaakt over wat privé is en dat ieder mens recht heeft om zelf over zijn of haar lichaam te beslissen, wat de persoon in kwestie meer begrip zou moeten geven. Zo'n verhaal zou er als volgt uit kunnen zien:

> Alle mensen hebben een eigen lichaam waarover ze beslissen. Ik beslis over mijn lichaam. Eva beslist over haar lichaam en alle anderen beslissen over hun lichaam. Sommige delen

van het lichaam zijn heel erg privé, bijvoorbeeld borsten, billen en vagina van een vrouw en piemel en billen van een man. Dat betekent dat je andere mensen daar niet aan mag raken als ze dat niet willen.

Misschien is het nodig om een verhaal te schrijven over wat privé is, een begrip dat mensen met een stoornis binnen het autismespectrum zo jong mogelijk zouden moeten kennen (als ze nog niet weten wat het inhoudt):

> Privé zijn zaken waar je zelf over beslist. Mijn kleren zijn bijvoorbeeld privé, ik beslis wat ik aantrek. Anderen kunnen vinden dat ik andere kleren aan zou moeten trekken. Maar ik bepaal welke kleren ik aantrek. Mijn lichaam is heel privé en ieder mens beslist over zijn eigen lichaam. Niemand heeft het recht om iemand anders lichaam aan te raken als niet allebei de personen dat willen. Dat geldt voor Johan en voor mij en voor alle andere mensen.
>
> Ik zal proberen te onthouden wat privé is en het niet aanraken. Als ik niet weet of iets privé is of niet, dan kan ik dat aan iemand vragen.

Hier kan natuurlijk ook een discussie gevoerd worden over eventuele uitzonderingen op de regel, zoals onderzoek bij de dokter of de politie die mensen vast mag pakken als ze iets onwettigs hebben gedaan. Door zulke discussies kan de persoon met autisme of asperger vaak geholpen worden zijn of haar begrip van verschillende situaties en verbanden te ontwikkelen. Een paar andere voorbeelden:

> In de puberteit krijgen meisjes borsten, haar op hun kruis en ze worden ongesteld. Dan zijn ze jonge vrouwen geworden. Ik ben nu een jonge vrouw geworden. Jonge vrouwen vinden het soms fijn om aan hun kruis te friemelen, dat heet masturberen. Masturberen doe je alleen als je alleen bent, je kan het bijvoorbeeld op je kamer doen. Andere mensen vinden het niet fijn om iemand te zien masturberen, ze vinden

> het er onprettig en stom uitzien. Andere mensen masturberen niet als iemand het kan zien.
> Ik wil niet dat andere mensen me stom vinden.
> Ik kan masturberen als ik alleen ben, op mijn eigen kamer of op de wc.

Omdat dit verzonnen voorbeelden zijn, heb ik algemene termen voor geslachtsdelen gebruikt. Als de persoon in kwestie een beperkt taalbegrip heeft, moeten natuurlijk de woorden gebruikt worden die die persoon kent. Je kan ook redeneren zoals de moeder uit een eerder hoofdstuk. Zij heeft een dochter met autisme en een lichte verstandelijke beperking die graag alle nieuwe woorden gebruikt die ze leert. Daarom heeft ze ervoor gekozen om haar dochter het woord 'masturbatie' niet te leren.

Bij sociale verhalen gaat het voortdurend om afwegingen en aanpassingen en daarom is het noodzakelijk dat je de persoon die geholpen wordt, goed kent. Respect en bescheidenheid zijn sleutelwoorden. De meeste mensen die sociale verhalen gebruiken om dingen en strategieën te leren over seksualiteit en hygiëne, hebben de werkwijze eerst bij andere onderwerpen gebruikt, iets wat me heel verstandig lijkt.

Er worden vaak diverse soorten visuele strategieën gebruikt in autismepedagogiek, en over het algemeen hebben mensen met autisme hulp nodig om duidelijkheid te krijgen over wat er van hen verwacht wordt, wanneer ze de dingen moeten doen, waar en met wie enzovoort. De beschrijving van algemene pedagogische werkwijzen en hoe je zaken kan verduidelijken (zowel visueel als op andere manieren) valt buiten het bestek van dit boek. Maar zoals in het hoofdstuk over beoordeling met nadruk wordt gesteld, is het altijd belangrijk om het geheel in ogenschouw te nemen en niet alleen het gedrag, bij iemand met een of ander probleem. Daarom is het ook belangrijk om thuis te zijn in deze algemene strategieën van behandeling, bejegening en ondersteuning van mensen met autisme.

HOOFDSTUK 12

Ondersteuning van de ontwikkeling van vriendschap

Gezien de problemen met het maken en houden van vrienden zoals beschreven in hoofdstuk 2, ligt het voor de hand de ontwikkeling van vriendschappen te bevorderen bij mensen met autisme die graag vrienden willen hebben. Natuurlijk is er een groep mensen met een zo laag ontwikkelingsniveau dat dit niet aan de orde zal zijn. Zij kunnen vermoedelijk wel geholpen worden bij het ontwikkelen van interactie, maar dan op een manier die rekening houdt met de ernstige verstandelijke beperking. In het boek *Autism och lek*[31] staan veel voorbeelden van wat je op verschillende niveaus met spel en interactie kunt doen. In het boek staat ook een beknopt overzicht van ontwikkelingsaspecten die van belang zijn voor sociale interactie en die hulp kunnen bieden bij de bepaling van het niveau dat bij iemand past. Er worden speelsituaties doorgenomen en er wordt ingegaan op de manier waarop speelsituaties in de goede richting gestuurd kunnen worden. De auteurs wijzen erop hoe belangrijk het is dat volwassenen zich op het juiste moment terugtrekken:

> Als het kind zover is dat het met een ander kind kan spelen, moet de volwassene zich meer terugtrekken, maar nog

steeds steun bieden in de mate die nodig is. Onze ervaring is dat de volwassene de sociale interactie tussen kinderen vaak belemmert doordat kinderen zich automatisch tot de volwassene wenden in plaats van tot elkaar.

Niemand die ik voor dit boek heb geïnterviewd, is hier systematisch mee bezig geweest, maar in de literatuur staan vele ideeën en werkwijzen. De Zweedse orthopedagoog Birgitta Andersson[32] heeft beschreven hoe ze twee meisjes met autisme bij elkaar heeft gebracht om te zien of ze daar baat bij hadden. Ze plande hun ontmoetingen en zorgde ervoor dat ze op school bij elkaar op bezoek kwamen en via verschillende activiteiten gedeelde ervaringen kregen. Ze bevorderde doelbewust hun interactie, onder andere door een situatie te 'saboteren' (door thuis geld te vergeten toen ze boodschappen gingen doen), zodat de meisjes samen het probleem op konden lossen. Gedeelde belevenissen vormen een basis voor vriendschap en de volgende keer dat ze boodschappen gingen doen, herinnerden ze elkaar eraan het geld niet te vergeten. Op die manier kan vriendschap zich ontwikkelen, ook bij mensen die zelf waarschijnlijk nooit in staat zouden zijn om initiatieven te nemen of een afspraak te maken.

In de interviews komen visies op vriendschap naar voren. Een hulpverlener zegt:

> Veel mensen met autisme zouden nooit op het idee komen iets samen met een ander te doen als je ze er niet bij helpt. Ik denk dat mensen met autisme een zo breed mogelijk sociaal leven nodig hebben. Maar het is ook belangrijk om er bij stil te staan dat mensen met autisme de personen met wie ze samen in een groep wonen misschien helemaal niet aardig vinden en dat dat wellicht niet de juiste plek is om vrienden te zoeken.

In dit verband is het informele onderzoek van Hugh Morgan[33] uit 1995 interessant. Daarbij werden 31 volwassenen met autisme afkomstig uit drie instellingen in Engeland geïnterviewd over wat ze belangrijk vonden en op welke punten ze hun woonsituatie wilden veranderen. Op de eerste plaats kwam de ligging van de woning, ze wilden in de buurt wonen van een postkantoor, bussen en winkels en de mogelijkheid hebben om mensen van buiten de groep te ontmoeten. Op de tweede plaats kwamen zaken die met de hulpverleners te maken hadden, zo wilden ze iets te zeggen hebben over het aanstellen van nieuwe medewerkers. Op de derde plaats in hoeverre ze het naar hun zin hadden met anderen; ze wilden onder meer zelf bepalen met wie ze op vakantie zouden gaan.

Mensen met autisme kunnen, net als mensen met alleen een verstandelijke beperking, heel kwetsbaar zijn in relaties. Ze lopen het risico dat anderen onder het mom van 'vriendschap' misbruik van ze maken. Er zijn heel wat verhalen van mensen met autisme van wie geld afgetroggeld wordt, soms in wanhopige pogingen om vriendschap te 'kopen', soms omdat ze noch van vriendschap, noch van geld verstand hebben. Op dit punt is zeker wat te leren van mensen die werken met mensen met een verstandelijke beperking.

YAI[34] is een grote Amerikaanse organisatie die cursussen organiseert over vriendschap, seks en relaties voor mensen met een verstandelijke beperking. Ze benadrukken dat het ook belangrijk is een punt achter een vriendschap te kunnen zetten, als dat nodig mocht zijn. Verder moeten mensen leren *nadenken* over relaties en niet alleen bezig zijn met wat ze moeten *doen*.

Zo'n 'cursus' kan onderwerpen omvatten zoals hoe je kan weten of iemand een vriend is (het is iemand die je vertrouwt, die je al lang kent, iemand die betrokken is, iemand die tijd met je wil doorbrengen); hoe je onderscheid maakt tussen een vriend en een bekende en ook hoe je zelf een goede vriend kan zijn. Ze gebruiken veel – voor de doelgroep ontwikkelde – videofilms waarbij de groepsleden eerst wordt uitgelegd waar ze op moeten letten, daarna wordt de film vertoond en vervolgens zijn er gesprekken. YAI heeft overigens ook cursussen voor groepen mensen met een verstandelijke beperking die kinderen hebben, er wordt nagedacht over het starten van een datingservice en een programma om instellingen bij elkaar op bezoek te laten gaan zodat mensen uit verschillende instellingen elkaar leren kennen.

Over hoog functionerend autisme en het aspergersyndroom en vriendschap hebben de Amerikaanse orthopedagoog Carol Grey en de Australische psycholoog Tony Attwood een aantal artikelen gepubliceerd. In *Understanding and teaching friendship skills*[35] bespreken ze vier niveaus van het begrip van vriendschap (van drie jaar tot volwassen leeftijd). Ze wijzen op verschillende vaardigheden die in kaart gebracht en eventueel ontwikkeld moeten worden, zoals ingangsvaardigheden (hoe doe je mee aan een groepsactiviteit?), complimenten en kritiek (kun je die geven en krijgen? op welk moment?) en conflictoplossing (kun je compromissen sluiten?).

Er zijn veel boeken, overwegend in het Engels, over de manier waarop je je vaardigheden om vrienden te krijgen of om deel te nemen aan gesprekken kan verbeteren. Ze zijn vermoedelijk van beperkt nut voor mensen met autisme omdat ze niet voor die groep zijn geschreven. Deze boeken richten zich in eerste instantie op mensen die meer in het algemeen verlegen of 'sociaal onzeker' zijn. Toch kunnen deze boeken onderdelen bevatten die hulp bieden, zeker waar sociale interactie wordt verhelderd en opgesplitst in bestanddelen, iets wat het voor mensen met het aspergersyndroom gemakkelijker kan maken om de sociale structuren die normaliter onzichtbaar zijn in elk geval theoretisch te begrijpen. Een voorbeeld hiervan is het herkennen van wat Don Gabor in het boek *How to start a conversation and make friends*[36] 'ijsberguitspraken' noemt. Dat zijn opmerkingen die slechts de top van een ijsberg vormen en die de mogelijkheid bieden vragen te stellen die het gesprek verder voeren (zoals: 'hoe was het?' en 'vertel eens'). Veel mensen beginnen een conversatie trouwens met beweringen die ze al weten, zoals: 'dus jij komt uit Eskilstuna?' Als de gesprekspartner dan 'ja' zegt, is er een gespreksonderwerp, bijvoorbeeld de stad. Gabor behandelt ook dingen zoals op een sociaal passende manier leren zeggen 'daar ben ik het niet mee eens', zoals 'ik denk daar zo over....' of 'mijn indruk is dat...' in plaats van 'je hebt het mis' en vergelijkbare uitspraken.

In dit hoofdstuk wil ik het ook over pesten hebben. Veel mensen met het aspergersyndroom, kinderen én volwassenen, worden, zoals ik eerder al schreef, gepest. Er is nog veel te weinig (praktisch geen) onderzoek naar gedaan. Waarschijnlijk draagt het anderszijn bij aan het ontstaan van de pesterijen en vermoedelijk wordt het pesten in veel gevallen nog verergerd door de ongewone reacties van mensen met autisme/asperger. Dit betekent uiteraard niet dat de persoon er zelf ook schuld aan heeft, maar als je het probleem grondig wilt aanpakken, is het belangrijk om de mechanismen achter het pesten te begrijpen. Het is natuurlijk verheugend dat er de laatste jaren veel meer over pesten gesproken wordt, maar ongelukkig genoeg wordt er altijd nadrukkelijk op gewezen dat gepeste kinderen net zo zijn als alle andere kinderen. Dit houdt ten eerste in dat het, als ze niet zouden zijn als alle anderen, hun eigen schuld zou zijn dat ze worden gepest en ten tweede is het geen waarheidsgetrouw beeld. Natuurlijk zijn er kinderen die gepest worden die net zo zijn 'als alle andere kinderen' en dan is het domme pech dat ze het pispaaltje zijn. Bij deze kinderen houdt het gepest meestal op zodra het kind van omgeving verandert en veel van deze kinderen leven in een milieu waar ze een hogere 'sociale status' hebben dan op school. Voor kinderen met autisme, zeker als ze hoog functionerend zijn en naar een gewone school gaan, is het vaak zo dat ze zelfs als ze van omgeving veranderen, gepest blijven worden. Kinderen met het aspergersyndroom moeten dus in sterkere mate door volwassenen beschermd worden dan andere kinderen.

Pesten vindt vaak plaats daar waar geen volwassenen aanwezig zijn, bijvoorbeeld in de kleedkamer bij gymnastiek of op weg van school naar huis. Je kan er niet van uitgaan dat kinderen met het aspergersyndroom automatisch vertellen dat ze gepest of getreiterd worden. Dat komt deels doordat kinderen in het algemeen (of ze nu het aspergersyndroom hebben of niet) hun mond hierover houden, deels doordat de sociale problemen (die vaak ook de reden zijn dat het kind kwetsbaarder is voor pesten) ervoor zorgen dat het kind niet goed begrijpt waarom je zoiets aan een volwassene zou moeten vertellen. Sommige autistische kinderen begrijpen zelfs niet dat ze structureel getreiterd worden (zij kennen het verschil vaak niet tussen wat een vriend en een pestkop is).

Mensen met autisme/het aspergersyndroom denken soms ook dat ze gepest worden of dat anderen hen plagen terwijl dat niet het geval is. Dat komt vaak doordat ze ervaring hebben met pesten en daarom als vriendelijk bedoelde grapjes verkeerd opvatten. Het gebeurt ook dat kinderen met autisme/het aspergersyndroom zeggen dat anderen ze slaan, hoewel duidelijk is dat ze dat niet doen. Dan is het belangrijk om te beseffen dat dit een vorm van tactiele overgevoeligheid kan zijn en dat het kind een reële ervaring heeft geslagen te worden. Daarom helpt het niet als er alleen maar wordt geprobeerd dit uit te vlakken door te zeggen dat ze niet geslagen werden.

Een aantal mensen met een stoornis binnen het autismespectrum heeft ook problemen om dingen los te laten, zelfs als ze theoretisch gezien weten dat het een grapje is. Een langharige man met het aspergersyndroom vertelde bijvoorbeeld dat een collega had gezegd dat hij op een dag een schaar zou pakken en naar hem toe zou sluipen om zijn lange haar af te knippen zonder dat hij het zou merken. Hoewel hij begreep dat die collega dat voor de grap zei, kon hij het gevoel dat het eventueel echt zou gebeuren niet loslaten, hoewel er meer dan een jaar was verstreken sinds de opmerking.

Dat iemand gepest wordt, komt echter veel meer voor dan dat iemand alleen maar denkt dat hij gepest wordt. Het is belangrijk je te realiseren dat pesten op veel verschillende manieren kan gebeuren en dat verbaal pesten minstens zoveel pijn kan doen als fysiek pesten. De vraag is dus wat je kunt doen, behalve ervoor zorgen dat er volwassenen aanwezig zijn. Hier volgen een paar tips.

- Vraag het kind of het gepest wordt.
- Gebruik sociale verhalen (zie hoofdstuk 11) om uit te leggen wat een vriend is en wat je kan doen als iemand stom doet (dit kan ook nuttig zijn voor de kinderen die het gevoel hebben gepest te worden, terwijl de omgeving vindt dat dat niet zo is).
- Ook volwassenen kunnen kinderen met het aspergersyndroom pesten.
- Strijk het probleem van het kind niet glad. Zeg dus niet 'het zal wel overgaan als je naar groep 5 gaat' of iets dergelijks, het gevaar is groot dat het kind zich dan bedonderd voelt als de voorspelling niet uitkomt.
- Probeer erachter te komen in welke situaties het kind wordt gepest en ga na of er iets is wat je het kind zou kunnen leren zodat het dingen beter begrijpt en beter kan reageren. Misschien gedraagt het kind zich 'vreemd' in de ogen van anderen omdat het de situatie niet doorziet. Behoed het kind voor al te grote mislukkingen die ervoor zorgen dat het een 'laag aanzien' krijgt. Sommige kinderen kunnen hun gymnastieklessen bijvoorbeeld beter buiten de gewone klas krijgen.
- Geef geen valse uitleg (zoals 'ze pesten alleen maar omdat ze jaloers zijn') als de waarheid is dat ze pesten omdat ze de stoornis van het kind niet snappen.
- Geef informatie! Zowel aan het kind zelf als aan andere kinderen in de omgeving. Sommige mensen zijn bang

om over de diagnose te vertellen. Mij zijn echter geen gevallen bekend waarbij het pesten erger werd toen de omgeving meer kennis kreeg over de autistische stoornis, het werd daarentegen vaak beter. Zorg ervoor om ook de positieve kanten van autisme/het aspergersyndroom onder de aandacht te brengen.

- Het is ook mogelijk dat het kind met autisme/het aspergersyndroom onbedoeld pest of onaardig doet tegen andere kinderen doordat het de sociale regels niet begrijpt en niet weet hoe het 'hoort'. Gebruik sociale verhalen om dat duidelijk te maken. Het kind met het aspergersyndroom kan ook andere kinderen doelbewust pesten en het op die manier 'terug doen' wat het zelf van anderen te verduren heeft gekregen. Je kunt heel goed sociale verhalen en/of rollenspelen gebruiken om uit te leggen hoe anderen zich voelen als ze gepest worden.
- Algemeen buitenstaanderschap zonder directe pesterijen is het allermoeilijkst om aan te pakken. Het is tragisch maar ook belangrijk om te weten dat veel mensen met het aspergersyndroom hun hele leven het gevoel houden buitenstaander te zijn en dat je anderen niet tot vriendschap kunt dwingen. Je kan dit proberen te compenseren op andere gebieden, bijvoorbeeld door hobbyverenigingen waar het kind samen met anderen zijn hobby kan beoefenen of bijeenkomsten van andere mensen met dezelfde stoornis.

Andere suggesties zijn: een volwassene met het aspergersyndroom op school uitnodigen om te vertellen over zijn stoornis; gedragsstoornissen in het algemeen bespreken op school en uitleggen hoe verschillend mensen kunnen zijn en ook het kind helpen met een aantal standaardantwoorden als anderen hem of haar treiteren. Bij dit laatste zijn er talloze mogelijkheden. De antwoorden hangen natuurlijk af van de manier waarop gepest wordt. 'Wie pest heeft zelf de meeste problemen' zou zo'n antwoord kunnen zijn.

Helaas worden niet alleen kinderen met stoornissen

binnen het autismespectrum gepest. Sommige volwassenen vertellen over pesten op de werkvloer en elders. Bij volwassenen is het voor de omgeving vaak moeilijker om in te grijpen, maar het kan helpen als iemand mee zou gaan naar het werk of naar andere activiteiten om informatie te geven. Een andere mogelijkheid is de persoon in kwestie te helpen om zelf zoveel kennis over de diagnose te krijgen dat hij/zij een en ander zelf uit kan leggen.

Ik wil dit hoofdstuk besluiten met een verhaal van Marla Comm:

> Ik heb het aspergersyndroom en ben altijd naar een gewone school gegaan. Vanaf de allereerste dag dat ik de kleuterschool binnenstapte, hebben kinderen me gepest. Niet alleen kinderen uit mijn eigen klas, maar bijna iedereen op school. Zelfs kinderen uit straat deden mee. Mijn zus, die in tegenstelling tot mij erg populair was, nam altijd veel vrienden mee naar huis na school. Ook zij plaagden me. En dat niet alleen, ook mijn zus deed mee. Zelfs tijdens de jaren op de universiteit werd ik gepest, vooral als ik wat eerder de collegezaal inging om iets te eten. Ik heb eigenaardige eetgewoonten, die andere studenten komisch vonden. Ik had ook angstaanvallen als de tentamens 's avonds waren ingeroosterd, want ik heb belangrijke routines die bij het avondeten horen en ik vind het erg moeilijk om die te doorbreken. Ook dat vonden de anderen grappig.
>
> Toen ik eind jaren zeventig als verpleeghulp werkte, werd ik gepest door mijn collega's, vooral door mensen uit West-Indië. Ik gedroeg me niet bevooroordeeld of zo, ze vonden me gewoon raar. Sommige mensen die me pestten, waren oud genoeg om kleinkinderen te hebben. Toch gedroegen ze zich als kleine kinderen.
>
> Op school was ik een gemakkelijk doelwit van pesterijen omdat ik onhandig, dik en emotioneel onvolwassen was. Later waren het de typische eetgewoonten en andere excentriciteiten die me tot een geschikt doel maakten.

Zelfs nu beginnen kinderen me te treiteren, waar ze me ook tegenkomen. Als ik ga schaatsen, raken de kinderen in mijn buurt opgewonden en maken ze me aan het schrikken. Dat vinden ze grappig en dan maken ze me nog angstiger, want dat geeft ze een kick. Acht jaar geleden, toen ik net leerde schaatsen, moesten kinderen die bij me in de buurt waren, ontzettend lachen. In die tijd nam ik mijn moeder mee, want als er iemand bij me schaatste, leek het net alsof ik les kreeg en dat hield de pestkoppen op afstand. Maar ik wil niet gaan schaatsen om uitgelachen te worden. Ik heb iets waardoor kinderen me grappig vinden. De manier waarop ik over straat loop, is vaak al genoeg.

Alles bij elkaar heeft dit ervoor gezorgd dat ik bang ben voor kinderen. Als ik aan het fietsen ben, rijd ik zelfs om om groepen kinderen op straat te ontwijken. Als ik niet fiets, ren ik weg van ieder kind dat ook maar in mijn buurt komt.

Als ouders over hun kinderen met asperger zeggen dat ze graag alleen zijn, doet me dat aan mezelf denken. Ik ben altijd een eenling geweest, en hoe ouder ik word, hoe sterker dat wordt. Ik wil niet onaardig en harteloos overkomen, maar ik heb er een enorme hekel aan om met andere mensen te moeten zijn. Hoe meer contacten ik heb, hoe meer ik alles wat met sociale contacten te maken heeft verafschuw.[37]

HOOFDSTUK 13

Andere werkwijzen

Tijdens het schrijven van dit boek zijn er andere strategieën, ideeën en manieren van aanpak voorbijgekomen die de moeite van het vermelden waard zijn, hoewel ze niet zo omvangrijk zijn dat ze een eigen hoofdstuk krijgen. Daarom bespreek ik ze hier.

Belangstelling sturen en gedragingen vervangen

Bij bepaalde gedragsproblemen kan het goed zijn te proberen een manier te vinden om dat gedrag bij te sturen of de problematische gedraging te vervangen door icts anders. Dat werkt vaak beter dan een verbod. Een hulpverlener geeft het volgende voorbeeld:

> We hebben een man die masturbeert met zijn knuffeldier. Hij noemt het 'op Harry zitten', zijn knuffeldier heet Harry. Als ik langskom en op zijn deur klop, roept hij soms 'nee, ik ben met Harry bezig'. Daar is niets dramatisch aan en hij regelt het allemaal zelf. Ik weet nog dat we, toen hij hier kwam wonen en we zijn spullen uitpakten, een kunstpenis tussen zijn spullen vonden en dat verbaasde ons wel wat. Maar het

bleek dat hij op de plek waar hij eerst woonde zich in het begin op geen enkele manier met seksualiteit bezig leek te houden, totdat hij 's nachts opeens opstond en de kamer van anderen binnenging en schrijlings op hen ging zitten. Dat was duidelijk seksueel gedrag, maar hij wist niet hoe en wat hij moest doen. De hulpverleners daar waren natuurlijk verontrust, want ze moesten de anderen beschermen. Zij hadden een seksuologe die hen moest begeleiden, maar ze hadden niet het gevoel dat ze veel aan haar hadden.

De man had toen al een grote knuffel die Måns heette en een van de hulpverleners kreeg het idee dat de man in plaats van op anderen op Måns zou gaan zitten. In het begin ging het niet zo goed, hij leek niet te kunnen masturberen. Vandaar de kunstpenis, want ze dachten dat ze hem misschien moesten laten zien hoe het moest. Maar hij kwam er zelf na verloop van tijd achter. Nu gaat het dus prima. Hij bewaart Harry in een kast. Een hele tijd geleden hebben we Harry een keer gewassen omdat een van de hulpverleners het smerig vond. Maar tegenwoordig ligt hij daar gewoon in de kast, hij legt hem daar zelf neer. Door de jaren heen heeft hij verschillende knuffels met verschillende namen gehad. We hebben het er wel eens over of we Harry op zijn rooster zouden zetten, maar dat is eigenlijk niet nodig, hij regelt het allemaal zelf. Hij kan zich terugtrekken als er tijd over is.

Voor mensen die niet met autisme werken, kan het verwonderlijk zijn dat iemands zelfbevrediging ingeroosterd moet worden. Om die discussie te begrijpen, moet je weten dat duidelijke, visuele roosters een gebruikelijke manier is om mensen met autisme te helpen om overzicht te krijgen over hun dag, om structuur en zin in de inhoud ervan te creëren. Hoe deze roosters eruitzien, hoe gedetailleerd ze zijn en hoeveel tijd ze beslaan, hangt af van het individu voor wie het rooster bestemd is. Zaken als wc-bezoek kunnen op het rooster staan voor mensen die dat nodig hebben. Dat iemand ook hulp nodig zou hebben bij het structureren van zijn seksualiteit is in dat licht bezien goed denkbaar. Omdat het om een strikte privé-aangelegenheid gaat, passen gevoeligheid, respect en overleg. Tegelijkertijd moet men inzien dat het voor de persoon zelf helemaal niet beladen hoeft te zijn. Een andere hulpverlener die zich bezighoudt met sociale vaardigheidstraining, zegt hierover het volgende:

> Je zou het vreemd kunnen vinden dat we ingrijpen en iemands seksualiteit structureren. Maar eigenlijk is het niet vreemder dan dat we onze patiënten helpen met het creëren van structuur in andere kwesties zoals zich wassen en schoonmaken. Als ze hulp nodig hebben bij het structureren van hun seksualiteit, moeten wij erbij helpen.

Als mensen met een stoornis binnen het autismespectrum ongepaste interesses hebben die de omgeving zorgen baren (bijvoorbeeld een speciale interesse voor nazisme of wapens) is deze interesse in een aantal gevallen met succes verwisseld voor een andere. Dit vereiste wel een grote gemeenschappelijk inzet van iedereen uit de omgeving van de betrokkene. Eerst wordt de persoon geobserveerd en geanalyseerd om na te gaan of er een spoortje van een andere interesse is en als er iets wordt gevonden, wordt alles erop gericht om díe interesse te stimuleren, in de hoop dat de ongepaste interesse verdwijnt.

Omdat deze mensen meestal volledig in beslag genomen worden door hun interesse, kan het voor de omgeving een hele dobber zijn om tekenen van andere interesses te vinden, maar meestal is dit niet onmogelijk. Als voorbeeld noem ik een persoon die erover klaagde hoeveel spullen andere mensen weggooiden. Dat gaf de mogelijkheid om een interesse voor milieuvraagstukken te ontwikkelen in plaats van de ongeschikte interesse. Daarna vervaagde de ongeschikte interesse in de loop van de tijd. Een andere jongen had sterke belangstelling voor wapens, vooral springstof en voor zover zijn omgeving kon zien, was hij nergens anders in geïnteresseerd. Hij had ook enigszins belangstelling voor internet en computers, maar het was moeilijk om hem daarin te stimuleren, omdat hij graag recepten van springstof en dergelijke downloadde van internet. Na een intensief gesprek met ouders en hulpverleners, werd ontdekt dat hij vroeger veel belangstelling had voor auto's en motorsport. Daarom werd besloten om alles op alles te zetten om die belangstelling aan te wakkeren.

Deze methode kan het proberen waard zijn als iemand ongepast seksueel gedrag vertoont waarbij de persoon zichzelf of anderen blootstelt aan gevaar of verwondingen en waarbij de oorzaak zou kunnen zijn dat dit gedrag het karakter heeft van een speciale interesse.

Impulscontrole trainen

Geen enkele geïnterviewde heeft gewerkt met training van impulscontrole voor mensen met de door mij beschreven gedragsproblemen, hoewel veel geïnterviewden op zich wel dachten dat bepaald gedrag te maken kon hebben met problemen met impulscontrole. Zoals gezegd wordt dit ook beschreven door mensen die een diagnose in het autismespectrum hebben, die in de interviews dingen zeggen als 'ik weet dat ik het niet zou moeten doen, maar ik kan het niet laten'. Sommige hulpverleners hebben ervaring met gedragstherapeutische methoden bij zeer agressief gedrag, waar gebrekkige impulscontrole een van de fundamentele problemen is en waarbij het ontwikkelingsniveau van de persoon het gebruik van methoden zoals sociale verhalen bemoeilijkt. Het probleem met het vertalen van een dergelijke werkwijze naar het gebied van seksualiteit is dat de wenselijkheid van seksueel gedrag, in tegenstelling tot agressief gedrag zoals vechten, afhankelijk is van de situatie en de omgeving. En zoals eerder gezegd wil men in het algemeen uiteraard liever geen methode gebruiken die een repressieve invloed kan hebben op iemands seksualiteit of seksuele gedragingen.

Er bestaan echter nieuwe methoden, die nog niet beproefd zijn, waarbij de impulscontrole in het algemeen verbeterd kan worden. Een van deze methoden heet neurofeedback en wordt onder meer gebruikt om epileptische aanvallen te verminderen en de concentratie van mensen met ADHD te vergroten. De methode is ook getest op mensen met autisme. Neurofeedback is een soort training die leert hoe je je hersengolven kunt veranderen. Er worden sensoren op het hoofd geplaatst die verbonden zijn met een soort computerspel, dat vervolgens wordt bestuurd door de hersengolven. Het spel stopt als er ongewenste frequenties ontstaan en gaat verder bij gewenste frequenties. Op die manier leren de hersenen een nieuw patroon door middel van een beloningssysteem.[38] Er bestaat op dit moment één onderzoek dat erop wijst dat ook impulscontrole positief beïnvloed kan worden door neurofeedback.

Een andere methode wordt *mindfulness* genoemd. Dit is van oorsprong een zenboeddhistische meditatietechniek, die inmiddels is opgenomen in bepaalde vormen van psychotherapie, bijvoorbeeld de dialectische gedragstherapie die wordt gebruikt om automutilerend gedrag te verhinderen bij mensen met een emotioneel instabiele persoonlijkheidsstoornis ('borderline'). De methode helpt de persoon zich bewust te worden van wat er in hem/haar gebeurt en het is een weg naar een soort zelfcommunicatie.

Bij de stoornis van Gilles de la Tourette (zie noot 18) wordt soms een gedragstherapeutische methode gebruikt die *habit reversal therapy* (HRT) heet. Het komt er op neer dat er 'tegentics' aangeleerd worden, dat wil zeggen een gedrag of beweging die onverenigbaar is met de eigenlijke tic. Ook deze methode is nog weinig wetenschappelijk ondersteund, maar er wordt van meerdere kanten gerapporteerd dat mensen het gevoel hebben baat te hebben bij deze methode. Ook bewustzijnstraining en ontspanning maken deel uit van deze methode.[39]

In dit boek staan voorbeelden van bepaalde vormen van dwangmatig of ticachtig gedrag, maar of de genoemde methoden bruikbaar zouden kunnen zijn voor mensen met de beschreven problemen, moet nog worden onderzocht. Als ze al bruikbaar zijn, moeten ze ongetwijfeld eerst aangepast worden zodat ze geschikt zijn voor mensen met autisme en het aspergersyndroom.

Medicatie kan als alternatief of als aanvullende behandeling; centraal werkende sympathicomimetica hebben bijvoorbeeld een goede invloed op gebrekkige impulscontrole. Maar of dat aan de orde is, moet beoordeeld worden door een gekwalificeerde arts.

Ontspanning

Heel wat mensen met autisme hebben er in de interviews op gewezen dat ze, zeker in hun jeugd, zich altijd moeilijk konden ontspannen. Mensen met autisme hebben gemiddeld genomen minder toegang tot copingstrategieën dan mensen zonder functiebeperking. Dr. June Groden, die al jaren werkzaam is op het gebied van autisme, beweert dat dit vaak resulteert in een negatieve spiraal als er geen hulp of steun wordt geboden. Voor mensen met goede copingstrategieën leidt dit daarentegen vaak tot positieve ervaringen. Mensen zonder dergelijke functiebeperking hebben, zo meent Groden, een buffer om met stress om te gaan. Ze kunnen gebruikmaken van hun sociale netwerk of van innerlijke controlemechanismen. Dit kan dan leiden tot stressreductie en positieve gevoelens, zoals een verhoogd gevoel van eigenwaarde of de ervaring dat andere mensen om je geven. Iemand met autisme of een verstandelijke beperking heeft in zijn dagelijks leven ten eerste meer stressoproepende factoren – denk aan veranderingen of instructies die niet begrepen worden – en is ten tweede niet in staat een buffer te gebruiken. Dat wil zeggen dat ze misschien minder controle over zichzelf hebben, het vermogen missen om te communiceren over wat stress veroorzaakt of geen vrienden hebben. Dan kan stress zijn uitweg vinden in gedrag dat weinig geschikt is voor het sociale leven.[40]

Daarom is het belangrijk om mensen met autisme ontspanningstechnieken aan te leren, vooral als er problemen zijn met heel frequente, dwangmatige en/of openbare masturbatie, omdat is gebleken dat sommige mensen masturbatie als ontspanningsmethode gebruiken (maar het is natuurlijk ook belangrijk om het aantal stressfactoren in het leven van een persoon te verminderen). Zoals gezegd is het op zich niet verkeerd om masturbatie te gebruiken ontspanning, maar het is niet in alle omstandigheden en milieus even geschikt. Bovendien is het voor de meeste mensen prettig om toegang te hebben tot verschillende strategieën, zodat je de strategie kunt kiezen die in de gegeven omstandigheden het geschiktst is.

Zoals bij alle strategieën worden ook ontspanningsoefeningen aangepast aan de leeftijd, het ontwikkelingsniveau en de belangstelling van de persoon. Voor hoog functionerende mensen kunnen ontspanningscassettes gebruikt worden. Je kunt ze zelfsuggestie aanleren, waarbij je tegen jezelf zegt dat je je voeten, je benen enzovoort moet ontspannen. June Groden leert mensen met autisme onderscheid maken tussen gespannen en ontspannen spieren door ze eerst te spannen en vervolgens te ontspannen en door diep adem te halen. Als de persoon dat geleerd heeft, wordt een formulier ingevuld dat ze heeft ontwikkeld om stress veroorzakende situaties te identificeren. Dit helpt de persoon om zelf te leren wanneer ontspanningstechnieken gebruikt kunnen worden.[41]

Voor mensen met een laag ontwikkelingsniveau moeten andere strategieën bedacht worden. Bijvoorbeeld naar muziek luisteren met de koptelefoon op of onder een zogenaamde ballendeken[42] liggen. Een ballendeken wordt door veel mensen met autisme ervaren als rustgevend en ontspannend. Ook in de psychiatrie wordt hij steeds meer gebruikt om angst te verminderen

Ga er vooral niet vanuit dat een bepaalde activiteit, bijvoorbeeld massage, per se ontspannend is. Voor de een kan het heel ontspannend zijn, maar voor een ander, die lijdt aan tactiele overgevoeligheid, kan massage stress oproepen. Geïnterviewde hulpverleners noemen ook bewegen een manier om te ontspannen.

Kunnen luisteren

Problemen met eenzaamheid en pesten, het verlangen naar relaties en kinderen wekken in de omgeving vaak angst op. Mensen krijgen makkelijk het gevoel dat ze er nergens mee naartoe kunnen. Dit geldt zowel voor ouders als voor mensen die zelf een diagnose hebben. Je hoort hulpverleners soms ook roepen om door de overheid gefinancierde prostituees omdat veel mannen met het aspergersyndroom verlangen naar seks met een vrouw. Dat soort uitspraken is eerder een reactie op de eigen angst voor het onvermogen om te kunnen helpen dan een reactie op het probleem op zich. Het is heel gewoon dat mensen niet in staat zijn om te luisteren als ze niet het gevoel hebben dat ze concrete adviezen kunnen geven of een oplossing hebben. Maar luisteren op zichzelf kan al een grote hulp zijn, denkt een van de psychologen die ik heb geïnterviewd. Het kan wel problematisch zijn dat er zoveel beroepsgroepen zo'n resultaatgerichte instelling hebben:

> Als pedagoog probeer je altijd iets te bereiken, je moet een doel hebben. Als je arts, fysiotherapeut of iets dergelijks bent, geldt precies hetzelfde. Je moet het functioneringsvermogen vergroten, een recept schrijven enzovoort. Veel beroepen zijn gericht op vooruitgang en doelen. Daardoor kan het prettig zijn om bij een psycholoog te komen. Als je bij mij komt is het enige wat van belang is wat jij denkt. Mijn doel is te begrijpen. Als ik denk dat ik het kan begrijpen – als mijn doel begrip is – dan mag de probleemformulering zolang duren als je maar wilt.

Ik denk dat andere beroepsgroepen ook geholpen zouden kunnen worden door zo'n houding – dat je niet altijd meteen met een oplossing hoeft te komen, maar dat iemand helpen door een probleem te formuleren op zich al heel waardevol kan zijn.

Als ik kinderen of jongeren voorstel om eens met hun ouders of de leraar op school te praten, dan zeggen ze vaak tegen me 'maar ze luisteren niet', of 'ze zeggen alleen maar dat ik moet....' Ze geven vaak aan, op verschillende manieren, dat ze het gevoel hebben in een positie te zitten waarin ze geen kant op kunnen, dat ze moeten produceren. Soms verwijzen hulpverleners ook naar mij, ze zeggen bijvoorbeeld 'ik vind dat je het daar met je psycholoog over moeten hebben'. Dat is natuurlijk prima, ik ben psycholoog en we hebben verschillende rollen, maar tegelijkertijd is een goede leraar misschien belangrijker dan een goede psycholoog. Maar er zijn ook leraren die goed kunnen luisteren en dat is te merken aan hun leerlingen.

'Ik accepteer je zoals je bent' is een belangrijke boodschap. Mijn instelling is als dat is wat jij wilt, ga je gang, maar ik wil weten dat je het uit vrije wil doet en dat je de gevolgen overziet. Je moet niet altijd advies geven, hoewel ik dat soms natuurlijk wel doe. Vaak gaat het er meer om om samen iets te formuleren, om het boven tafel te krijgen en het uit te spitten. Soms belt een ouder of hulpverlener me op en verzoekt me dan om de leerling ergens op aan te spreken. Maar dat doe ik niet, dat is mijn werk niet. Wel kan ik zeggen 'je moeder heeft gebeld, wil je het erover hebben?'

Soms spreek ik met iemand met het aspergersyndroom die iets stoms heeft gedaan, bijvoorbeeld een puberjongen die een meisje heeft lastiggevallen. Hij verwachtte dat ik kwaad zou zijn. Ik zei dat ik niet kwaad was, maar legde hem uit dat het meisje niet verliefd op hem wordt als hij zich zo gedraagt. Als ik kan overbrengen dat ik respect voor zijn intenties heb, als ik kan zeggen dat ik weet dat hij dat niet zo had bedoeld, dan kunnen we samen een plan verzinnen om te communiceren. Respect tonen is trouwens een goed smeermiddel in de communicatie met mensen met asperger. De jongeren die naar een gewone basisschool zijn geweest, zijn vooral verwonderd; ze verwachten veel meer terechtwijzingen.

Het eigen gevoel van machteloosheid als er geen praktische hulp geboden kan worden en ook de behoefte die de omgeving vaak heeft om kinderen en jongeren af te schermen van de ellende van het leven – zeker als het kind een verstandelijke beperking heeft – kunnen ook tot gevolg hebben dat mensen problemen liever vergoelijken of op de verkeerde kant ervan focussen.

Het resultaat is soms dat men vindt dat mensen met autisme een 'realistische kijk' moeten hebben op hun vermogens en op wat ze kunnen bereiken. Dat was het geval bij een man met autisme en een lichte verstandelijke beperking. De man zei vaak dat hij een vriendin wilde, maar de hulpverleners, die dit onmogelijk achtten, vonden dat ze hem een slechte dienst bewezen door hem te laten geloven dat hem dat in de toekomst zou lukken. Om hem een 'realistische kijk' op zichzelf en zijn vermogen te laten krijgen, besloten ze daarom tegen hem te zeggen dat hij vanwege zijn autisme geen vriendin zou kunnen krijgen. Omdat ze hem graag een goed gevoel van eigenwaarde en ook een positieve boodschap wilden geven, zeiden ze tegen hem 'je kunt toch vissen en bowlen, daar hou je ook van'. De bedoeling was dus goed, maar je moet je afvragen welk recht de omgeving heeft om iemand zijn of haar dromen af te pakken. Veel mensen dromen over dingen die ze willen hebben of doen, maar die ze misschien nooit zullen bereiken. Deze dromen kunnen op zich al belangrijk zijn. Bovendien kan niemand weten welke mogelijkheden een ander heeft; ik heb voorbeelden gegeven van mensen met autisme en een verstandelijke beperking die gewoon een partner hebben. Dat betekent uiteraard niet dat de omgeving iemand moet voorhouden dat hij of zij later een partner zal krijgen. Dat kan men redelijkerwijs niet weten. Het gaat meer om een zakelijke, concrete en steunende bejegening.

In het geval van de man die een vriendinnetje wil, zou je kunnen vertellen dat het misschien moeilijk zal zijn, dat je niet weet of het zal lukken en dat hij als hij dit wil bereiken bepaalde dingen zou moeten trainen. Pas daarna kun je hem concreet helpen om vaardigheden voor vriendschap te trainen en hem meenemen naar plekken waar hij andere mensen kan ontmoeten et cetera.

Over seksualiteit praten

Ten slotte wil ik het hebben over het praten over seksualiteit door hulpverleners onderling. Ik denk dat het belangrijk is om zowel een taal als de gewoonte om over seksualiteit te praten te ontwikkelen. Als ik groepswoningen en andere instellingen bezoek, merk ik vaak dat dit een punt van zorg is voor de hulpverleners. Het personeel voelt zich onzeker over de woordkeuze waarmee ze over de seksualiteit van de bewoners moeten spreken. De gewone woorden zijn vaak te privé en in het klinische taalgebruik voelen ze zich niet thuis. Toch is het niet zozeer een kwestie van persoonlijkheid als wel van oefening om ongedwongen over seksualiteit te kunnen praten. Door te oefenen kun je ongedwongener worden en je zekerder te voelen van je taalgebruik. Het is ook goed om de gewoonte te ontwikkelen om over aan seksualiteit gerelateerde kwesties te praten voor er problemen ontstaan, in plaats van acuut in een situatie terecht te komen waarin je tegelijkertijd de juiste woorden en vorm moet vinden om over seksualiteit te praten én moet omgaan met een probleem. Het is een goed idee om relaties en seksualiteit herhaaldelijk terug te laten komen als thema op conferenties voor het personeel, zodat mensen eraan gewend raken hierover te praten en hun eigen normen en waarden op dit gebied onder de loep kunnen nemen om te zien hoe deze hun werk eventueel beïnvloeden.

In Zweden zijn er helaas geen richtlijnen voor de omgang met seksuele kwesties in dagopvang en instellingen. In Denemarken daarentegen heeft het ministerie van Sociale Zaken richtlijnen opgesteld voor seksuele begeleiding en onderwijs van mensen met 'geestelijke handicaps'. Dit in verband met strafwetten en bepalingen over seksualiteit. De richtlijnen stellen dat instellingen voor mensen met 'een geestelijke handicap' een goedgekeurd plan moeten hebben voor alle groepswoningen wat betreft seksuele begeleiding en onderwijs. In Engeland moeten alle scholen, ook scholen voor speciaal onderwijs voor autisten, een beleidsplan opstellen voor seksuele voorlichting en dit plan moet elk jaar aangepast worden (zie ook het hoofdstuk over seksuele voorlichting). In Zweden hebben we alleen het standaard leerplan dat vaak niet geschikt of toereikend is voor mensen met autisme.

Wel zijn er internationale regelgevingen, zowel van de VN als van het Europees Parlement. Deze zijn bij mensen die met autisme werken helaas nog onvoldoende bekend. Hier volgen enkele regels die relevant zijn voor seksualiteit en relaties.

- Recht op een zelfstandig leven.
- Recht op vertegenwoordiging en hulp in zo *groot mogelijke mate* bij beslissingen die invloed hebben op de eigen toekomst (mijn cursivering).
- Recht op bescherming tegen bedreiging, angst en misbruik.

Uit de schriftelijke verklaring van rechten van mensen met autisme van het Europarlement.

Regel 9:1
De staten dienen te stimuleren dat in de gezinsbegeleiding speciale modules worden opgenomen die gericht zijn op het hebben van beperkingen en de gevolgen daarvan voor het gezinsleven...

Regel 9:2
Gehandicapten mag niet de gelegenheid worden ontzegd hun seksualiteit te ontdekken, seksuele relaties te hebben en het ouderschap te beleven. Gezien het feit dat gehandicapten moeilijkheden kunnen ondervinden bij het vinden van een huwelijkspartner of het stichten van een gezin, dienen de staten het beschikbaar zijn van passende begeleiding te stimuleren. Gehandicapten moeten op dezelfde wijze als anderen toegang hebben tot voorbehoedmiddelen en seksuele voorlichting in toegankelijke vorm.

Regel 9:4
Gehandicapten en hun familieleden dienen volledig te worden geïnformeerd over het treffen van voorzorgsmaatregelen tegen seksueel misbruik en mishandeling. Gehandicapten zijn bijzonder kwetsbaar voor misbruik en mishandeling in de familiekring, in de gemeenschap of in instellingen en hun moet worden geleerd misbruik of mishandeling te voorkomen, te herkennen en te melden

Uit: Standaardregels betreffende het bieden van gelijke kansen voor gehandicapten. Verenigde Naties.

Ten slotte een document dat niet dezelfde autoriteit heeft, maar dat wel zou moeten dienen als richtlijn bij het werk met mensen met autisme/het aspergersyndroom. Dit zijn enkele punten die zijn ontwikkeld door *Ligans kommité för inflytande och självbestämmelse*[43] een internationale groep mensen met een verstandelijke handicap. Het document is als brochure te bestellen bij FUB.[44]

> Uit het hoofdstuk *Overtuigingen en waarderingen*
>
> Op de eerste plaats een persoon zijn. We moeten net als alle andere mensen behandeld en gerespecteerd worden. Onthoud dat we daar recht op hebben.

Een identiteit hebben. We zijn allemaal individuen.

Je eigen beslissingen nemen. Mensen moeten naar ons luisteren als we een mening geven. We hebben het recht om onze eigen fouten te maken en ervan te leren.

Geloven in mijn waarde als persoon. We moeten hulp krijgen zodat we onszelf waarderen.

Uit het hoofdstuk *Principes*

Zelfbeschikking. We moeten hulp krijgen bij het nemen van onze eigen beslissingen, onafhankelijk van de ernst van onze handicap en de risico's die de beslissing met zich mee brengt. We moeten risico's mogen nemen als we begrijpen wat er mis kan gaan. We moeten zelf mogen beslissen wanneer we de hulp inroepen van mensen die we vertrouwen.

BIJLAGEN

BIJLAGE A

Autisme en seksualiteit in de wetenschappelijke literatuur

GUNILLA GERLAND EN MONICA KLASÉN MCGRATH

De betekenis van seksualiteit voor mensen met autisme is al vele jaren onderwerp van debat. Autismespecialisten benadrukken al decennialang het belang van voorlichting en seksuele voorlichting, terwijl ouders vooral erg bezorgd zijn over het seksuele gedrag van hun kinderen. Ook verzorgend personeel in instellingen houdt zich bezig met vragen over autisme en seksualiteit. Meestal wordt het onderwerp seksualiteit in verband met autisme besproken in termen van problemen zoals masturbatie in het openbaar of andere seksueel gedrag dat de omgeving schokkend vindt. Wat er in wetenschappelijke tijdschriften over autisme en seksualiteit is gepubliceerd hebben we bijeengebracht in dit artikel. We hebben ook teksten opgenomen die niet afkomstig zijn uit wetenschappelijke tijdschriften, omdat er in de andere teksten vaak naar verwezen wordt.

Debat en maatschappelijk belang

In 1974 schreven Margaret Dewey en Margaret Everard in het *Journal of Autism and Developmental Disorders* in de rubriek 'Parents speak' over pubers met hoog functionerend autisme. Het artikel, dat een poging is tot de beschrijving van een probleem, is interessant, maar bevat veel generalisaties over de manier waarop jongeren met hoog functionerend autisme spreken, zich gedragen en kijken naar vriendschap, liefde en seks. Ze schrijven: 'Mensen met autisme zijn in de regel naïef, onrijp en onervaren op het gebied van seks. Seksuele problemen zijn minder gebruikelijk dan men zou verwachten bij mensen die problemen hebben met sociale aanpassing.' Ze merken op dat het feit dat veel mensen met autisme celibatair leven, niet betekent dat die situatie voor de persoon in kwestie bevredigend is. Het grootste probleem dat de auteurs waarnemen is dat veel jongeren met hoog functionerend autisme worden afgewezen als ze proberen iemand van het andere geslacht te benaderen. De auteurs denken dat dit bij hen tot het gevoel leidt dat seksueel contact niet voor hen is weggelegd.

Tien jaar later wordt in hetzelfde tijdschrift een debat gevoerd in dezelfde rubriek 'Parents speak'. Het debat werd ingeleid door Sybil Elgar, de oprichter van een van de eerste scholen ter wereld voor kinderen met autisme. Ze schrijft over haar houding tegenover autisme en seksualiteit. Elgar houdt een lang betoog, waarin ze stelt dat seksuele voorlichting om zinvol te zijn, aangepast moet worden aan individuele vermogens en behoeften. Ook schrijft ze dat masturbatie beperkt moet worden om ongepaste sociale situaties te voorkomen. Ze gelooft ook dat mensen met autisme vanwege hun beperkte begrip voor de gevoelens en behoeften van anderen geen diepere, wederzijdse relaties kunnen hebben. Haar uiteindelijke standpunt is dat de overgrote meerderheid van mensen met autisme niet in staat is tot seksuele relaties of tot een bevredigend seksleven en dat seksuele voorlichting zoals die in het algemeen gegeven wordt daarom niet aan de orde is. Ze rechtvaardigt dit standpunt met het argument dat niet iedereen alles kan krijgen in dit leven.

In het daaropvolgende debat geven ouders, onderzoekers, artsen en verzorgers hun visie op de kwestie. Professor John Money maakt er bezwaar tegen dat Elgars bijdrage überhaupt in het tijdschrift is gepubliceerd en noemt het niet alleen onwetenschappelijk, dogmatisch en overdreven generaliserend. Volgens hem kunnen sommige mensen met autisme uiteraard liefdesrelaties en seksuele verhoudingen hebben. Amy Lettick van Benhaven, een school voor mensen met autisme, vindt dat Elgar een punt heeft als ze schrijft dat autistische mensen die de wens uiten een partner te willen eigenlijk geen uiting geven aan een drift, maar dat het eerder een nabootsing is van sociaal gedrag van anderen. Daarentegen vindt Lettick dat mensen met autisme wel de aspecten van mannelijkheid en vrouwelijkheid moeten leren die relevant zijn voor hun dagelijks leven, bijvoorbeeld lichaamsfuncties en hygiëne. Lettick snijdt ook het onderwerp zwangerschap aan en neemt aan dat wanneer een vrouw met autisme zwanger wordt, dit komt doordat ze misbruikt is, of doordat ze zich heeft beziggehouden met *willful inappropriate sexual activity*, waaruit geconcludeerd moet worden dat geslachtsgemeenschap in de ogen van Lettick nooit gepast is voor iemand met autisme, of ze het nu wil of niet.

Judith Cardamone, ook werkzaam op een school voor kinderen met autisme, is het in grote lijnen met Elgar eens, maar vindt dat je masturbatie in een enkel geval op bepaalde plaatsen en tijdstippen kan toestaan, maar alleen als de persoon met autisme helemaal niet kan functioneren als dit hem of haar niet wordt toegestaan.

Twee ouders, Dan en Connie Torisky, vinden dat seksualiteit een sociale vaardigheid is zoals andere sociale vaardigheden en dat iemand met autisme het recht moet hebben ook bij dit aspect van het leven hulp en steun te krijgen. De regels mogen voor mensen met autisme niet anders zijn, uitsluitend omdat ze beperkingen hebben, vinden ze, alleen de manier waarop die regels geleerd worden, zou anders moeten zijn. Het is helemaal niet onmogelijk om mensen met autisme gepast seksueel gedrag te leren zonder hen de mogelijkheid te ontnemen om zich te ontwikkelen, schrijven ze en ze wijzen erop dat het ook moeilijk kan zijn om een normale, wilskrachtige, begaafde en seksueel vroegrijpe tiener passend gedrag aan te leren. Zij denken dat het daarmee vergeleken bij mensen met autisme niet zo moeilijk zou moeten zijn. Ze wijzen er ook op dat volledig gelijkwaardige, wederzijdse en diepe relaties in onze wereld tot de zeldzaamheden behoren. Je hoeft niet autistisch te zijn om in een relatie niet in staat te zijn om een meelevende partner te zijn.

Gary Mesibov, oprichter van Division TEACHH, schrijft dat hij de meerderheid van Sybil Elgars observaties deelt, maar dat hij niet dezelfde conclusies trekt. Zijn belangrijkste bezwaar is dat mensen met autisme op latere leeftijd of als ze hoog functionerend zijn enorme vooruitgang kunnen boeken en dat ze als ze goede mogelijkheden krijgen om zich te ontwikkelen zowel ideeën als gevoelens met anderen beginnen te delen. Hij vindt het ook vreemd om mensen dergelijke voorlichting te onthouden alleen omdat ze autisme hebben. Tegelijk kun je beter niet zomaar seksuele voorlichting geven aan iemand die er totaal geen belangstelling voor heeft.

In 1987 schreef Alison Ford een hoofdstuk over seksuele voorlichting voor mensen met autisme in het boek *Handbook of autism and PDD*. Dit hoofdstuk heeft veel invloed gehad op de manier waarop er sindsdien naar autisme en seksualiteit gekeken wordt. Ford is ervan overtuigd dat het met gestructureerde en aangepaste seksuele voorlichting en individuele steun voor iemand met autisme goed mogelijk is om van seksualiteit te genieten. In een relatie, als dat mogelijk is, of alleen, als de voorwaarden voor een seksuele relatie ontbreken. Ze illustreert de problemen, mogelijkheden en voorwaarden met behulp van veel voorbeelden uit haar werk met mensen met autisme.

De sleutel is dat alle voorlichting en steun aan mensen met autisme en soms hun ouders aangepast moeten zijn. Ford heeft een leerplan voor seksuele voorlichting aan mensen met autisme ontwikkeld, waarin alles van biologische functies, geslachtsgemeenschap, masturbatie, persoonlijke hygiëne, sociale conventies tot de ontwikkeling van een relatie is opgenomen.

Onderzoek

Ondanks de grote belangstelling van ouders en hulpverleners heeft de wetenschap geen uitgebreide aandacht geschonken aan het thema autisme en seksualiteit. Het materiaal dat wetenschappelijk gepubliceerd is, beperkt zich tot een tiental onderzoeken en verslagen over kwesties in verband met autisme en seksualiteit. De onderzoeken die in dit hoofdstuk worden behandeld, bevatten slechts twee interviews met mensen met autisme. De resterende onderzoeken zijn uitgevoerd met behulp van interviews met en enquêtes onder ouders en/of hulpverleners. In een enkel geval zijn behalve de ouders en hulpverleners ook mensen met autisme geïnterviewd. Het merendeel van de onderzoeken is gedaan in de vs, een komt uit Denemarken en een ander uit Groot-Brittannië. Een van de onderzoeken is Zweeds en maakt deel uit van een proefschrift over neuropsychiatrische diagnoses, waaronder autisme, bij mensen die geweldsdelicten – inclusief zedendelicten – hebben gepleegd.

Wat hier wordt gepresenteerd, zijn alle studies die we na omvangrijk literatuuronderzoek hebben kunnen vinden. Dat sluit niet uit dat er ongepubliceerde onderzoeken zijn, of dat iets wat in een tijdschrift is gepubliceerd niet is opgenomen in de grote databases. Omdat het vaak lang duurt voor wetenschappelijk onderzoek gepubliceerd wordt, kan er natuurlijk een en ander gedaan zijn dat nog op publicatie wacht. De tijd tussen het moment waarop dit boek af is en het moment waarop het in de handel is, kan ervoor zorgen dat inmiddels ook andere onderzoeken gepubliceerd zijn. Samenvattend moeten we echter constateren dat er weinig onderzoek is gedaan op dit gebied.

Kennis en attitudes

In 1991 deden Opal Ously en Gary Mesibov van Division TEACHH, Departement of Psychiatry in North Carolina een uniek onderzoek dat gebaseerd is op interviews met de titel *Kennis van en houdingen ten opzichte van seksualiteit bij hoog functionerende jongeren en volwassenen met autisme*. In het onderzoek vergelijken de onderzoekers personen met hoog functionerend autisme (HFA) (21) en mensen met een lichte tot matige verstandelijke beperking (20) met betrekking tot kennis over seksualiteit en relaties met het andere geslacht. Kennis van en belangstelling voor seksualiteit werden getest met behulp van een woordenlijst en een vragenformulier met multiplechoicevragen.

De uitkomsten wezen op een grotere seksuele belangstelling van mensen met autisme dan tot dan toe was aangenomen. Hoewel de kennis en belangstelling het grootst waren bij de groep met HFA, was de seksuele ervaring groter in de groep met een verstandelijke beperking. Er was dus een verband tussen IQ en kennisniveau, maar niet tussen IQ en seksuele ervaring. De conclusie van de onderzoekers was dat er meer kennis nodig was op dit gebied, zodat hulpverleners op een betere manier om konden gaan met seksuele voorlichting en hulp aan mensen met autisme.

De onderzoekers wijzen er ook op dat de ongerustheid van ouders dat een toename van kennis over seks tot andere problemen zal leiden, ongegrond is. Kennis correleerde noch met belangstelling, noch met ervaring. Grotere kennis over seksualiteit wekt de belangstelling niet, maar is een voorwaarde om al geïnteresseerde personen met autisme de mogelijkheid te geven hun behoeften te bevredigen.

In 1993 publiceerden Lisa Ruble en Nancy Dalrymple van de Indiana University de resultaten van een enquête onder ouders. Het doel van de enquête was het sociale en seksuele bewustzijn, kennis van seksualiteit en het seksuele gedrag van mensen met autisme in kaart te brengen vanuit het perspectief van ouders. Honderd ouders en voogden van kinderen met autisme van tussen de 9 en 40 jaar deden mee aan het onderzoek. 84% van de mensen met autisme had ook een verstandelijke beperking.

Er werd een duidelijk verband aangetoond tussen de verbale vermogens van het kind en de visie van de ouders op de relevantie van seksuele relaties en seksuele voorlichting. De meerderheid van de ouders ervoer het seksuele gedrag van hun kind als ongepast en problematisch. Er werd geen verband gevonden tussen verbaal vermogen en seksueel gedrag, evenmin tussen geslacht en seksueel gedrag.

Daarom menen de onderzoekers dat personen met autisme en een normale begaafdheid net zo geneigd zijn tot ongepast seksueel gedrag als personen met autisme en een verstandelijke beperking. De behoefte aan seksuele voorlichting zou daarom moeten corresponderen met het gedrag van de persoon en niet met het verbale niveau.

Het wordt ook duidelijk dat ouders van mannen met autisme het aanleren van regels over seksueel gedrag en het onder controle houden van de behoefte aan masturbatie belangrijker vinden dan ouders van autistische vrouwen. Dit komt volgens de onderzoekers doordat ouders van zonen in het algemeen eerder verwachten dat hun kind seksueel actief wordt dan ouders van dochters. Dat weerspiegelt de maatschappelijke visie op het verschil tussen mannelijke en vrouwelijke seksualiteit.

In 1998 publiceerden Yna Lunskys en Mary Konstantareras het op interviews gebaseerde onderzoek *The Attitudes of Individuals With Autism and Mental Retardation Towards Sexuality*. Met behulp van gestructureerde interviews met 31 volwassenen, van wie 15 met autisme en 16 met een verstandelijke beperking, wordt geprobeerd socio-seksuele attitudes in kaart te brengen.

Deze attitudes worden vervolgens vergeleken met die van 25 Canadese en 28 Amerikaanse jongeren. Alle geïnterviewden werd gevraagd om hun reactie op 20 socio-seksuele activiteiten, zoals hetero- en homoseksualiteit. De groep die het meest van de andere verschilde was die van jongeren met een verstandelijke beperking.

Over het algemeen waren jongeren met een stoornis meer veroordelend over seksuele situaties dan jongeren zonder stoornis. De jongeren met een verstandelijk beperking waren weer veroordelender dan de jongeren met autisme. Onderzoekers hebben geen duidelijke theorie over de redenen waarom mensen met autisme toleranter waren, maar zeggen dat het feit dat de meeste mensen met autisme in een instelling woonden, terwijl de meeste jongeren met een verstandelijke beperking bij hun ouders woonden, invloed kan hebben gehad. Dat mensen met een verstandelijke beperking een minder tolerante houding hebben tegenover seks, blijkt ook uit andere onderzoeken en wordt in dit onderzoek nog eens bevestigd.

Volgens de onderzoekers kan deze gereserveerde houding van mensen met autisme tegenover seksuele situaties en het feit dat ze hier vaker afstand van nemen dan mensen zonder autisme, diverse redenen hebben. Vaak hebben autistische mensen geen vrienden die kunnen functioneren als positief voorbeeld van seksuele relaties. Een andere reden kan zijn dat docenten en verzorgers niet zijn opgeleid om om te gaan met vragen over seksualiteit. Ouders kunnen er op hun beurt moeite mee hebben om te accepteren dat hun kinderen ondanks hun stoornis seksualiteit hebben, en hun kinderen daarom geen adequate voorlichting geven. Hun eigen ongerustheid kan tot een ambivalente houding leiden tegenover het geven van meer informatie over seksualiteit. Een onmiskenbaar manco van dit onderzoek die invloed kan hebben op het resultaat, is dat de mensen met een stoornis de vragen moesten beantwoorden in een verbale situatie in aanwezigheid van een testleider, terwijl de mensen zonder stoornis alleen een schriftelijke enquête hebben ingevuld. De onderzoekers onderkennen deze tekortkoming.

De onderzoekers trekken de conclusie dat attitudes, moraal en ethiek in verband met seksualiteit een belangrijke rol te vervullen hebben in seksuele voorlichting aan mensen met een autistische stoornis.

Seksueel gedrag

Demetrious Haracopos en Lennart Pederson van het *Center for Autisme* in Denemarken hebben in 1992 een landelijk onderzoek gedaan dat veel aandacht heeft gegenereerd. Voor dit onderzoek hebben ze 81 personen, 57 mannen en 24 vrouwen, in de leeftijdsgroep van 16-40 jaar met de diagnose autisme onderzocht. Alle personen woonden in instellingen voor jongeren en volwassenen met autisme. Dit onderzoek is niet als wetenschappelijk artikel gepubliceerd, maar maakt deel uit van een hoofdstuk over hersenen en seksualiteit in een Deens boek.

Het doel van het onderzoek was het seksuele gedrag van mensen met autisme te beschrijven, de ervaringen en attitudes van de hulpverleners te onderzoeken en beoordelingsmodellen van seksueel gedrag/seksuele problemen van mensen met autisme te definiëren alsmede om richtlijnen op te stellen voor interventie en ethische afwegingen.

Hulpverleners en contactpersonen werden geïnterviewd over de seksuele gewoontes van de autistische onderzoekspersonen, enkele mensen met autisme uitgezonderd. Hieruit bleek dat 74% van de personen seksuele belangstelling had en seksueel gedrag vertoonde.

68% van de deelnemers, 74% van de mannen en 54% van de vrouwen masturbeerde. 64% van de mannen en 46% van de vrouwen kreeg hierbij een orgasme. 76% van de mensen met laag functionerend autisme en 50% van de mensen met hoog functionerend autisme masturbeerde. Er was wat masturbatie betreft een ongeveer even groot verschil tussen mannen en vrouwen als bij de gemiddelde bevolking. Ook werd – net als bij de gemiddelde bevolking – het meest gemasturbeerd in de puberteit. Uit de interviews bleek ook dat mensen met autisme zonder hulp van anderen kunnen leren masturberen, als ze het vaak genoeg doen.

Uit het onderzoek bleek dat 34% van de deelnemers een duidelijke persoonsgerichte seksuele belangstelling had en intiem contact met andere mensen wilde. Slechts een van de personen had ervaring met geslachtsgemeenschap, een vrouw die in haar puberteit misbruikt was. Daarmee werd de hypothese van de onderzoekers dat mensen met autisme er moeite mee hebben om seksuele relaties te beginnen, bevestigd.

Er was geen direct bewijs voor de hypothese dat onopgeloste seksuele problemen tot gedragsproblemen leiden. De auteurs menen echter wel een verband te hebben gevonden tussen seksueel gedrag dat op andere mensen is gericht en gedragsproblemen. In een vergelijkbaar onderzoek (Van Bourgondien e.a.) wordt dit resultaat echter niet bevestigd. De auteurs interpreteren dit als een reactie op afwijzing.

De hypothese dat seksueel gedrag vaak tot uiting komt op een manier die voor de omgeving en de mensen met autisme aanstootgevend is, wordt bevestigd. Het seksuele gedrag is volgens de onderzoekers echter niet bizar of afwijkend op zich, maar duidt op een sociale en emotionele onrijpheid. Ze menen dat de reden dat mensen met autisme ongepast seksueel gedrag ontwikkelen, samenhangt met hun onvermogen om sociale regels en normen te begrijpen en hun problemen met communicatie en het aangaan van gelijkwaardige relaties.

De onderzoekers concluderen dat het voor iedereen die met mensen met autisme werkt van belang is om zijn of haar eigen visies op autisme en seksualiteit helder te krijgen. Strategieën en methodes voor seksuele begeleiding en voorlichting moeten gebaseerd zijn op een duidelijk gedefinieerde attitude.

Mensen met autisme moeten het recht op en de mogelijkheid tot een seksueel leven hebben dat overeenstemt met hun wensen, behoeften en vermogens. Ze hebben recht op begeleiding en steun bij onopgeloste seksuele problemen.

In 1997 publiceerden Mary van Bourgondien, Nancy Reichle en Ann Palmer van Division TEACHH het omvangrijke enquêteonderzoek *Seksueel gedrag bij mensen met autisme*. Dit onderzoek betreft 89 volwassenen met autisme, 72 mannen en 17 vrouwen, die in instellingen wonen. Alle gradaties van autisme zijn vertegenwoordigd, 26% met een lichte vorm van autisme, 23% met een matige vorm van autisme en 51% met ernstig autisme. 18 % had een lichte verstandelijke beperking, 22% een matige en 60% had een ernstige verstandelijke beperking. 67% van de deelnemers had taalbegrip, 33% niet. De enquête die in dit onderzoek werd gebruikt, is gebaseerd op de resultaten en werkwijze van het onderzoek van Haracopos en Pedersen en werd ingevuld door 23 instellingen in North Carolina. Ook hier vulden de hulpverleners de enquêtes in en werden de mensen met autisme zelf niet geïnterviewd. Verder werd de instellingen gevraagd eventuele beleidsdocumenten of richtlijnen voor de omgang met seksualiteit bij autisten mee te sturen.

De resultaten komen op een aantal punten overeen met die uit het onderzoek van Haracopos en Pedersen. De meerderheid van de mensen in het onderzoek vertoonde een of andere vorm van seksueel gedrag. Masturbatie kwam het meest voor, maar ook seksuele belangstelling voor andere mensen kwam bij eenderde van de personen voor.

Masturbatie leidde niet altijd tot een orgasme en het kwam zeven maal vaker voor dat mensen met taalbegrip een orgasme kregen dan mensen zonder taalbegrip. De onderzoekers denken dat dit zou kunnen komen doordat ze een verbaal begrip hebben van het doel van masturbatie dat niet-verbale mensen missen.

Het personeel rapporteerde frustratie in de vorm van agressie, onthutsing en angst bij mensen waar de masturbatie niet tot een orgasme leidde, maar bij een nauwkeurige vergelijking (in overeenstemming met een schaal die gedragsafwijkingen meet, de zogenaamde ABC-checklist) van gedragsstoornissen en masturbatie werd dat verband niet gevonden. De indruk van de hulpverleners is, volgens de twee onderzoekers, waarschijnlijk het gevolg van de aanname dat de afwezigheid van een orgasme altijd tot frustratie leidt. Wellicht wordt er in het algemeen te veel belang gehecht aan de betekenis van het orgasme voor het welzijn van een persoon.

Normaal masturbeerden de mensen op hun kamer, in de badkamer of in een andere kamer van de groepswoning. Het gebeurde maar heel zelden dat er buiten de groepswoning gemasturbeerd werd, iets wat in het onderzoek van Haracopos en Pedersen heel frequent voorkwam. De reden hiervoor is niet duidelijk, maar de onderzoekers denken dat het kan liggen aan verschillen in de opleiding van het personeel wat betreft de manier waarop er op openbare plaatsen wordt omgegaan met mensen met autisme.

Van de mensen wier seksuele belangstelling duidelijk gericht was op andere mensen, had, voor zover de hulpverleners wisten, slechts één persoon geslachtsgemeenschap gehad. Meestal was de belangstelling gericht op een van de hulpverleners of een andere bewoner. Persoonsgerichte seksuele belangstelling kwam bij mensen zonder taal drie keer zo vaak voor als bij mensen met taal. De onderzoekers denken dat taalbegrip het bewustzijn van sociale normen verhoogt, waardoor beter wordt begrepen dat seksuele belangstelling niet openlijk getoond wordt.

Er werd ook een verband gevonden tussen stereotiep gedrag en een hoge frequentie van masturbatie. Dit zou erop kunnen duiden dat masturbatie voor deze mensen een vorm van stereotiep gedrag is.

Slechts drie instellingen stuurden beleidsdocumenten mee en deze bevatten alle drie richtlijnen voor het omgaan met persoonsgericht seksueel gedrag. De meeste documenten stonden lichamelijk contact zoals het vasthouden van de hand en knuffelen door bewoners onderling en bewoners en mensen van buiten toe. De helft van de groepen stond ook kussen door bewoners onderling en bewoners en mensen van buiten toe. Maar dit was alleen van toepassing op mensen van verschillend geslacht, bij mensen van hetzelfde geslacht was het beleid restrictiever. Tussen bewoners en personeel werd behalve een enkele omhelzing geen lichamelijk contact toegestaan. Samengevat vond men al het openlijk seksuele gedrag van mensen met autisme ongepast.

Slechts 14 van de 23 instellingen boden de bewoners een of andere vorm van seksuele voorlichting en bij slechts 6 instellingen hadden de hulpverleners hier enige vorm van ondersteuning bij gekregen.

Wat betreft de kennis over seksuele behoeften van mensen met autisme is ook hier de conclusie van de onderzoekers: het is noodzakelijk dat het team van hulpverleners gezamenlijk een beleid uitzet van hoe er voor de bewoners optimaal om kan worden gegaan met deze thema's. Daarbij moet rekening gehouden worden met hun specifieke situatie. De onderzoekers wijzen ook op de manier waarop observaties van de hulpverleners de betrouwbaarheid van de resultaten beïnvloeden. Zo vonden de hulpverleners het bijvoorbeeld moeilijk iets te zeggen over de manier waarop de seksualiteit van vrouwen tot uiting kwam, omdat de opwinding van vrouwen niet zo zichtbaar is als die van mannen.

Seksuele ontwikkeling

In 1995 werd het pilotonderzoek *Seksualiteit en autisme* van Nel van Son-Schoonen en Pascalle van Bilsen gepubliceerd. Dit onderzoek is gebaseerd op ervaringen van ouders, verzorgend personeel en mensen met autisme.

Er is een enquête afgenomen onder 37 ouderparen en 14 ouders, daarnaast zijn 4 hulpverleners en 4 mannen met hoog functionerend autisme geïnterviewd. Het doel was om inzicht te krijgen in de seksuele ontwikkeling van mensen in de leeftijd van 12 tot 30 jaar en de gevolgen van deze ontwikkelingen voor alle betrokken partijen. Het artikel heeft veel tekortkomingen, een van de tekortkomingen is dat het onderzoek gebaseerd is op interviews met slechts vier mannen met autisme.

De onderzoekers constateren dat mensen met autisme net als anderen een puberteit doormaken met een seksuele ontwikkeling, die een lichamelijke en psychoseksuele ontwikkeling behelst, en die wordt gekenmerkt door een ontluikende interesse voor seks, het eigen uiterlijk en een relatie met iemand anders. De onderzoekers wijzen erop dat jongens met autisme een grotere seksuele belangstelling aan de dag leggen dan meisjes, maar laten het na stil te staan bij het feit dat de seksuele opwinding van jongens vaak zichtbaarder is.

Ook hier werd duidelijk dat seksualiteit voor alle betrokkenen een groot probleem vormt. De oorzaak hiervan zou zijn dat mensen met autisme seksualiteit op een andere manier opvatten dan hun ouders en verzorgenden.

Een zwak punt van het artikel is dat er adviezen worden gegeven waarvoor de redenen volkomen onduidelijk zijn, zo wordt bijvoorbeeld beweerd dat het beter kan zijn om een bepaalde seksuele handeling te verbieden als het niet mogelijk is er regels voor in te voeren, terwijl er niet wordt ingegaan op beoordeling of verschillende soorten interventie. Ook wordt er gewaarschuwd voor het risico van agressief gedrag bij onbevredigde seksuele behoeften, een veel te vaak herhaalde bewering die tot op heden elke basis mist, aangezien geen enkel onderzoek zo'n soort verband aan heeft kunnen tonen. Het artikel staat in het algemeen vol met ongefundeerde beweringen, zoals bijvoorbeeld dat sommige mensen met autisme zozeer opgeslokt worden door hun seksuele behoeften dat hun hele toekomstige ontwikkeling erdoor in gevaar komt. Het is onduidelijk welke beweringen citaten uit het enquêtemateriaal zijn en welke conclusies afkomstig zijn van de auteurs zelf.

Hulp aan ouders

Uit veel onderzoeken en artikelen blijkt dat ouders van kinderen met autisme er behoefte aan hebben te praten over hun attitude ten opzichte van de seksualiteit van hun kind en dat ze daar graag hulp bij krijgen. Als reactie op die behoefte zijn er op een aantal plaatsen, waaronder in Canada, initiatieven ontwikkeld voor ondersteuning van ouders van kinderen met autisme, waarbij seksualiteit centraal staat.

In 1994 werd een interessant artikel gepubliceerd in *Sieccan Newsletter* (Canadian Journal of Human Sexuality). Het is geschreven door vier artsen en psychologen, te weten Charles Meister, Susan Honeyman, Diane Norlock en Kathy Pierce. Het artikel beschrijft een methode om ouders van kinderen met autisme te ondersteunen in hun houding ten opzichte van de seksualiteit van hun kinderen. Dit wordt gedaan door kennisoverdracht en door mogelijkheid te bieden om in groepsverband ervaringen uit te wisselen en te discussiëren.

Het uitgangspunt van het programma voor ouders is gebaseerd op Ford (1987): 'Ouders van kinderen met autisme of professionals die werken met mensen met autisme moeten proberen het voor hen mogelijk te maken de kloof tussen hun ervaringen en dromen op te vullen. Ook als de kans op een seksuele relatie voor veel mensen met autisme klein is, mag hun geen kennis onthouden worden.'

Om de ouders te steunen en mee te werken aan een verandering op het gebied van seksuele voorlichting, wordt een model voorgesteld waarin wetenschappelijke theorieën over de ontwikkeling van het kind, patronen in het gezin en sociale steun zijn geïntegreerd. De nadruk ligt hierbij op kennis, attitudes, een prettige sfeer en concrete adviezen.

Een groep bestaat uit maximaal twaalf ouders van kinderen met autisme in de leeftijd van 10-19 jaar en komt zesmaal samen onder leiding van een mannelijke en vrouwelijke therapeut. Elke keer worden verschillende kwesties besproken, zoals seksuele ontwikkeling, masturbatie, praten over seks, seksuele afwijkingen en seksueel misbruik. Het doel van de groep is niet om nader in te gaan op problematische gedragspatronen of gebreken, maar om een positieve seksuele ontwikkeling bij kinderen met autisme mogelijk te maken. Het proces is een combinatie van gedragstherapie, psychodynamische therapie en systeemtherapie. De groepsbijeenkomsten worden afgesloten met een discussie over gevoelens zoals schuld, begrip en verdriet.

Het doel is de ouders te helpen om:
- hun eigen houding tegenover seksualiteit te herwaarderen.
- te leren hoe je seksuele kwesties op een vruchtbare manier kunt aanpakken.
- zich beter op hun gemak te laten voelen om seksuele kwesties met hun kind te bespreken.

Zodat hun kinderen:
- begrijpen dat ze met hun ouders over seksualiteit kunnen praten.
- kunnen ervaren dat hun seksuele bewustzijn toeneemt.
- op een betere manier om kunnen gaan met seksuele situaties.

De mogelijkheid voor de ouders om seksualiteit te bespreken, leidt er volgens de auteurs vaak toe dat ze zich beter bewust zijn van de discrepantie tussen wat ze voor hun kinderen zouden willen en wat realistisch is met betrekking tot opleiding, carrière, intieme relaties en huwelijk.

Dit commentaar van de therapeuten kan op twee manieren uitgelegd worden. Ofwel dat ouders willen dat hun kinderen zich op een zo traditioneel mogelijke manier zullen ontwikkelen, wat in veel gevallen niet realistisch is met het oog op de talenten, wensen en mogelijkheden van het kind. Ofwel dat ouders hun kinderen beperken in de mogelijkheden zich volledig te kunnen ontwikkelen – bijvoorbeeld vanwege de bezorgdheid dat het kind zal mislukken of emotioneel beschadigd zal raken als het probeert een traditioneel leven te leiden – of doordat de ouders het moeilijk vinden om ze als zelfstandige individuen te beschouwen.

Autisme en seksueel misbruik

In een groot aantal onderzoeken en in literatuur over autisme in het algemeen wordt de bezorgdheid van ouders beschreven die bang zijn dat hun kinderen slachtoffer zullen worden van misbruik, al dan niet seksueel. Er zijn ook voorbeelden van mensen met autisme die slachtoffer zijn geworden van seksueel misbruik. En er zijn onderzoeken waaruit blijkt hoe 'normaal' het is dat mensen met een verstandelijke handicap in onze samenleving slachtoffer worden van misbruik of geweld. Er is in deze onderzoeken echter geen enkele aandacht besteed aan mensen met autisme als slachtoffer van misbruik. Gezien het beperkte vermogen om de intenties van anderen te doorzien, waardoor iemand in bepaalde situaties natuurlijk kwetsbaarder is en gezien het feit dat een aantal onderzoeken mensen met autisme als daders heeft onderzocht, is dit wat merkwaardig.

Van de onderzoeken die gaan over diagnoses bij mensen die een misdaad hebben begaan, is er één dat zedenmisdrijven behandelt. Gepromoveerd medicus Henrik Söderström van de universiteit van Göteborg publiceerde in 2002 zijn proefschrift *Neuropsychiatric background factors to violent crime*. In dit onderzoek werden 170 gerechtspsychiatrische onderzoeken verricht onder 170 daders van gewelds- en zedenmisdrijven om na te gaan welke betekenis neuropsychiatrische achtergrondfactoren, waaronder diagnoses binnen het autismespectrum, hadden voor de neiging om geweldsmisdrijven te plegen.

In het hoofdonderzoek, waarin 100 personen werden onderzocht, bleek dat 52 personen voldeden aan de criteria voor een neuropsychiatrische diagnose. Van deze personen hadden 39 ADHD, 5 autisme, 3 het aspergersyndroom, 10 PDD-NOS, 5 de stoornis van Gilles de la Tourette, 13 chronische tics, 24 gedragsstoornissen, terwijl de overige 17 personen een lichte verstandelijke beperking hadden. Bij de gemiddelde populatie is het percentage van mensen met een stoornis binnen het autismespectrum 1,2%, terwijl dit in het onderzoek 18% is. Vergelijkbare verschillen doen zich voor bij andere stoornissen. Söderström denkt dat neuropsychiatrische stoornissen die zich in de kindertijd openbaren een grote rol spelen bij de neiging tot het begaan van geweldsmisdrijven, maar tekent daarbij aan dat het materiaal te beperkt is om er verstrekkende conclusies op te kunnen baseren.

Referenties

Bourgondien, M.E. van, Reichle N.C., Palmer A. (1997) Sexual Behavior in Adults with Autism. *Journal of Autism and Developmental Disorders*, Vol.27, 2.

Dewey, M., Everard, M. (1974), The near normal autistic adolescent. *Journal of Autism and Childhood Schizophrenia* (Tegenwoordig: *Journal of Autism and Developmental Disorder*), Parents Speak, Vol.4.

Elgar, S. (1985), Sex education and sexual awareness building for autistic children and youth: some viewpoints and considerations. *Journal of Autism and Developmental Disorders*, Parents Speak Vol.15, 2.

Ford, A. (1987), Sex Education for Individuals with Autism: Structuring Information and Opportunities. In Cohen, D.J., Donnelan, A.M., Paul, R. *Handbook of Autism and PDD*, Winston.

Haracopos, D., Pederson L. (1997), Autism og sexualitet. In Graugaard, C., Hertoft, P., Mohl, B., *Hjerne*

& Seksualitet, aspekter af teori & klinik, Munksgaard Kobenhavn.

Lunskys, Y., Konstantareras, M.M. (1998), The attitudes Of Individuals With Autism And mental Retardation Towards Sexuality. *Education and Training in Mental Retardation and Developmental Disabilities*, 33, 1.

Meister, C., Honeyman, S., Norlock, D., Pierce, K. (1994), Sexuality and Autism: A Parenting Skill Enhancement Group, *Sieccan Newsletter, Canadian Journal of Human Sexuality*, Vol 3, 3.

Ously, O.Y., Mesibov, G.B. (1991), Sexual attitudes and Knowledge of High Functioning Adolescents and Adults with Autism. *Journal of Autism and developmental Disorders*. Vol. 21, 4.

Ruble, L.A., Dalrymple, N.J. (1993), Social/Sexual Awareness of Persons with Autism: A Parental Perspective. *Archives of Sexual Behaviour*, Vol 22, 3.

Söderström, H. (2002), *Neuropsychiatric background factors to violent crimes*. Göteborgs universitet.

Son-Schoones, N. van, Bilsens, P. van (1995), Sexuality and Autism, A Pilot Study of Parents, Health Care Workers and Autistic Persons. *International Journal of Adolescent Medicine & Health*. Vol.8, 2.

BIJLAGE B

De geïnterviewden

Voor sommige lezers is het waarschijnlijk interessant te weten hoeveel en wat voor soort mensen geïnterviewd zijn. De geïnterviewde ouders en de mensen die zelf een diagnose binnen het autismespectrum hebben, wilden hun anonimiteit uiteraard gewaarborgd zien en veel van de geïnterviewden hebben gezegd dat ze het prettig vonden dat de citaten uit de interviews over de verschillende hoofdstukken verdeeld zijn, zodat het moeilijker is hen te identificeren. De professionals hebben niet dezelfde behoefte aan anonimiteit, maar ik heb er toch voor gekozen ze anoniem te laten. Het nadeel is wellicht dat er een paar mensen bij zitten met een grote naam op het gebied van autisme. Hun uitspraken zouden aan gewicht winnen als bekend zou zijn van wie ze afkomstig waren, maar ik vind dat de voordelen van anonimiteit daar niet tegen opwegen. Sommige hulpverleners waren bang dat de mensen over wie we gesproken hadden, herkend zouden worden. Ook vreesden ze dat mensen zich verraden zouden voelen als ze zichzelf zouden herkennen; dit risico kon aanzienlijk verminderen als niet bekend werd welke hulpverlener wat heeft gezegd. (Ik heb overigens ook de vrijheid genomen om hier en daar een detail te veranderen zodat mensen niet herkend worden of zich verraden voelen) Een praktisch voordeel van de anonimiteit van de specialisten is dat ik niet alle citaten heb hoeven dubbelchecken, iets wat gezien de hoeveelheid citaten een enorm karwei zou zijn. Dit betekent ook dat wanneer iemand eventueel verkeerd geciteerd wordt, dit volledig mijn verantwoordelijkheid is.

Ik wil op deze plaats alle mensen die zich hebben laten interviewen hartelijk bedanken – zonder jullie zou dit boek er niet zijn.

Mensen met een autistische stoornis

- Man, 20 jaar, stoornis van asperger
- Man, 56 jaar, stoornis van asperger
- Vrouw, 30 jaar, stoornis van asperger
- Vrouw, 50 jaar, autisme
- Jongen, 19 jaar, stoornis van asperger
- Vrouw, 23 jaar, stoornis van asperger
- Meisje, 19 jaar, stoornis van asperger
- Meisje, 18 jaar, autisme
- Vrouw, 21 jaar, stoornis van asperger
- Vrouw 39 jaar, stoornis van asperger
- Vrouw 31 jaar, stoornis van asperger
- Man 38 jaar, stoornis van asperger

De meeste van hen hebben de diagnose in hun puberteit of als volwassene gekregen, behalve de twee met autisme, die deze diagnose als kind al kregen. Een paar geïnterviewden hebben naast hun diagnose autisme/asperger ook andere diagnoses, zoals ADHD, obsessief compulsieve stoornis en de stoornis van Gilles de la Tourette. Behalve deze mensen zijn er nog een aantal mensen met een diagnose binnen het autismespectrum die hebben bijgedragen met enkele waardevolle ervaringen en gezichtspunten.

Ouders

- Moeder van een meisje, 16 jaar, met autisme en een matige verstandelijke beperking

- Moeder van een meisje, 18 jaar, met autisme en een lichte verstandelijke beperking
- Moeder van een man, 20 jaar, met autisme en een matige tot ernstige verstandelijke beperking
- Vader van een man, 20 jaar, met autisme en een matige tot ernstige verstandelijke beperking
- Vader van een man, 25 jaar, met autisme en een matige verstandelijke beperking
- Moeder van een jongen, 18 jaar, met autisme en een ernstige verstandelijke beperking
- Vader van een meisje, 14 jaar, met autisme en een ernstige verstandelijke beperking
- De pleegmoeder van een vrouw, 30 jaar, met autisme en een lichte verstandelijke beperking.

Veel van deze kinderen/volwassen kinderen hebben ook andere diagnoses, zoals epilepsie en tuberculeuze sclerosis. Behalve deze mensen hebben ook andere ouders bijgedragen met enkele waardevolle ervaringen en gezichtspunten.

Hulpverleners

- Groep hulpverleners (psycholoog, verpleegkundige, orthopedagoog) die werkt met resocialisatie (gezamenlijk geïnterviewd)
- Groepswerker in een instelling
- Directeur van een instelling voor mensen met hoog functionerend autisme/het aspergersyndroom met bijkomende psychiatrische problemen
- Twee psychologen die hulpverleners begeleiden en onderzoek doen op het gebied van autisme (samen geïnterviewd)
- Psycholoog die werkt met jongeren met autisme/het aspergersyndroom
- Twee psychologen die werkzaam zijn binnen de sociale vaardigheidstraining

- Twee hoogleraren psychologie met lange ervaring met klinisch werk met autisme (afzonderlijk geïnterviewd)
- Orthopedagoog met veel ervaring met autisme

Daarnaast hebben enkele hulpverleners uit verschillende beroepsgroepen een bijdrage geleverd zonder dat ze zijn geïnterviewd.

Bij de interviews zijn geen vragenformulieren gebruikt. In plaats daarvan heb ik bepaalde thema's aangesneden en daar open vragen over gesteld. Bij zulke intieme en gevoelige onderwerpen als relaties en seksualiteit is het belangrijk om een scherp oor te hebben voor waar de geïnterviewde over wil praten en of hij/zij zich nog prettig voelt. Bij een paar mensen die zelf een diagnose binnen het autismespectrum hebben, was het noodzakelijk om met duidelijke, concrete en opgeschreven vragen te werken, zodat ze ondanks hun communicatieproblemen antwoord zouden kunnen geven.

BIJLAGE C

Literatuur en andere bronnen

Literatuur over autisme in het algemeen[45]

Clercq, H. De, (1999), *Mama is dit een mens of een beest?Over autisme*, Houtekiet

Clercq, H. De (2005), *Autisme van binnen uit. Een praktische gids*

Gillberg C. & Peeters, T., (2003), *Autisme. Medisch en educatief*, Houtekiet

Peeters, T. (1994), *Autisme. Van begrijpen tot begeleiden*, Houtekiet

Literatuur vanuit het perspectief van mensen met autisme

Dumortier, D., (2002); *Van een andere planeet. Autisme van binnen uit*, Houtekiet

Gerland, G. (1998) *Een ander mens*, Pandora

Verenigingen

Nederlandse Vereniging voor Autisme (NVA)
Prof. Bronhorstlaan 10
NL-3723 MB Bilthoven
✆ 0031 (0)30-2299800 FAX 0031 (0)30-2662300
info@autisme-nva.nl
www.autisme-nva.nl

Fontys OSO
Stappegoor
Prof. Goossenslaan 1-03
NL-5022 DN Tilburg
✆ 0031 (0)877 877 133 FAX 0031 (0)877 875 900
oso@fontys.nl
www.fontys.nl

Opleidingscentrum Autisme
Plantin en Moretuslei 12
B-2018 Antwerpen
✆ 0032 (0)3 2353755 FAX 0032 (0)3 2365846
info@ocautisme.be
www.ocautisme.be

Vlaamse Vereniging Autisme (VVA)
Groot Begijnhof 14
B-9040 Gent
✆ 0032 (0)78 152 252 FAX 0032 (0)9 2188383
vva@autismevlaanderen.be
www.autismevlaanderen.be

Autism Europe
Montoyerstraat 39
B-1000 Brussel
✆ 0032 (0)2 6757505 FAX 0032 (0)2 6757270
president@autismeurope.org
www.autismeurope.org

NOTEN

1 Zie voor een overzicht van de geïnterviewden Bijlage B, pagina 198.
2 Riksföreningen autism = Zweedse vereniging voor autisme. (noot vert.)
3 DSM – *Diagnostic and Statistic Manual* wordt uitgegeven door American Psychiatric Association en wordt voortdurend herzien. De huidige verzie is DSM IV.
4 FAAS staat voor Families of Adults Afflicted with Asperger's syndrome. Ze hebben onder andere een mailinglist en organiseren bijeenkomsten, vooral in de Verenigde Staten. Ze zijn te vinden op www.faas.org
5 www.relate.org
6 Shakespeare, T., Gillespie-Sells, K. Davies, D. (1996) *The sexual politics of disability.* Cassell. Vertaald via het Zweeds.
7 Het sociale verhaal is een pedagogisch instrument waar veel mensen iets aan hebben gehad bij verschillende soorten probleemgedrag bij mensen met autisme. Zie hoofdstuk 11 voor een beschrijving van de manier waarop je sociale verhalen kunt schrijven en voorbeelden van verhalen.
8 RFSU = Riksförbund för sexuell upplyssning, The Swedish Association for Sexuality Education (noot vert.)
9 Videoupplysning för kvinnor (videovoorlichting voor vrouwen) respectievelijk Videoupplysning för män (videovoorlichting voor mannen (eerder: onaniteknik för...)(masturbatietechniek voor...).
10 *Tidskriften INTRA* nr 1 1997
11 *A love less ordinary*, een programma van de BBC dat in Engeland in 1999 op televisie is vertoond.
12 RFSL (Riksförbund för sexuellt lika berättigande, Zweedse vereniging voor seksuele gelijkberechtiging. vert.) Een brochure over biseksualiteit, 2002

13 De ene lijst is Zweeds en is te vinden op http://groups.yahoo.com/group/asperger-hbt/ De andere is Engelstalig en is te vinden op http://groups.yahoo.com/groups/ac-glbt/
14 Division TEACHH in North Carolina is een staatsprogramma dat de meeste dingen die samenhangen met autisme dekt: diagnostiek, school, wonen, vrije tijd etc. Het programma is verbonden met de universiteit, en daarmee met onderzoek en ontwikkeling.
15 Donna Williams, citaat uit de Zweedse vertaling van de brochure Aspergers syndrom van Kari Steindal, uitgegeven door Riksföreningen Autism 1997
16 Uit: MAAPing the Future Conference, samenvatting van een lezing in de Verenigde Staten in september 1995. Vertaald uit het Engels.
17 Gillberg, C. *Barn, ungdomar och vuxna med Aspergers syndrom. Normala, geniala nördar?* Cura 1997 (*Kinderen, jongeren en volwassenen met het aspergersyndroom. Normale, geniale nerds?* niet vertaald in het Nederlands, vert.)
18 De stoornis van Gilles de la Tourette is een neuropsychiatrische toestand die wordt gekenmerkt door tics, zowel motorisch als vocaal. Zogenaamde koprolalie, dat wil zeggen om als tic schuttingwoorden en andere seksuele woorden te herhalen, alsook seksuele fixatie kunnen deel uitmaken van het symptoombeeld.
19 PBU = Psykiska barn och ungdomsvården = instelling voor psychische zorg voor kinderen en jongeren, te vergelijken met de kinderbescherming (noot vert.)
20 Gillberg, C. Sexuella övergrepp mot barn – neuropsykiatriska aspekter. Expertrapport. Socialstyrelsen (www.sos.se) (Seksueel misbruik bij kinderen, neuropsychiatrische aspecten. Deskundigheidsrapport, uitgegeven door Socialstyrelsen = Zweedse nationale raad voor gezondheid en welzijn. vert.)
21 'Intervening with sexually problematic behavior in community environments' door Dave Hingsburger et al in Scotti J.R. en Meyer L.H., *Behavioral intervention: Principles, Models and Practices* Paul H. Brookes 1999.
22 Mijn eigen ervaring met mensen met autisme heeft me echter geleerd dat als iemand met autisme dergelijk gedrag vertoont, dit vaak een oorzaak heeft en dat het doorbreken van gedrag dat wordt beschouwd als fixatie geen doel op zich is. Ik kan me voorstellen dat deze jongen bijvoorbeeld hypersensitief was, waardoor dit vouw- en afveegritueel noodzakelijk was om het niet al te onaangenaam te maken.
23 Hingsburger, D. et al (1999) *Intervening with sexually problematic behavior in community environments.* In Scotti, J.R. en Meyer, L.H. *Behavorial Intervention: Principles, Models and Practices.* Paul H. Brookes.

24 Gerland, G. *Hur kan man förstå och behandla utagerande och självskadande beteende vid autism?* Riksföreningen autism, 2000 (Hoe kan agressief en automutilerend gedrag bij autisme begrepen en behandeld worden? vert.)
25 Zie noot 8.
26 Zie ook Bijlage A 'Autisme en seksualiteit in de wetenschappelijke literatuur'
27 In Engeland zijn alle scholen verplicht om een geschreven plan, een beleidsdocument, voor seksuele voorlichting te hebben. Dit moet geschreven worden door vertegenwoordigers van ouders en de schoolleiding samen en het moet elk jaar bijgesteld worden. Aangezien scholen voor leerlingen met autisme geen uitzondering op die regel vormen, was men in Engeland waarschijnlijk gedwongen iets meer na te denken over seksuele voorlichting voor leerlingen met autisme dan in Zweden.
28 Een artikel in het tijdschrift van de Engelse autismevereniging, *Communication* 1996, de Zweedse vertaling is gepubliceerd in het tijdschrift *Ögonblick* (RFA) nr 3/99
29 Granevik, M. *Säga Ja, Säga Nej: vem ska få krama mig?* LL-förlaget. 1994. Een boek geschreven voor mensen met een verstandelijke handicap (Ja zeggen, nee zeggen; wie mag mij knuffelen? Vert.)
30 Uit: Cohen D.J., Donnelan A.M., en Paul, R. (ed) (1987) *Handbook of Autism and Pervasive Developmental Disorder.* Winston and sons. Vertaald uit het Engels.
31 Beyer, J. Gammeltoft, L. 2000. *Autism och lek.* Liber (Engelse titel: *Autism and Play* vert.)
32 Andersson B. *En delad upplevelse leder till samspel.* In *Ögonblick* nr 2 1996. (Een gedeelde belevenis leidt tot interactie. vert.)
33 Morgan, H. (ed). 1996. *Adults with Autism. A guide to theory and practice.* Cambridge University Press.
34 De naam is oorspronkelijk de afkorting van Young Adult Individuals, die de doelgroep vormden toen de organisatie in 1957 met twee medewerkers van start ging. Tegenwoordig zijn er meer dan 2000 medewerkers/mensen in dienst en wordt er gewerkt met mensen met verstandelijke beperkingen uit alle leeftijdsgroepen. Zie ook www.yai.org waar ook videofilms en ander materiaal besteld kunnen worden.
35 Attwood, R. en Gray, C. *Understanding and teaching friendship skills.* www.tonyattwood.com/paper3.htm
36 Gabor, D. 1997. *How to start a conversation and make friends.* Sheldon Press.
37 Gepubliceerd met toestemming van Marla Comm. Vertaald uit het Engels.
38 De beschrijving van hoe neurofeedback in zijn werk gaat is afkomstig van www.eegspectrum.com/FAQ

[39] www.nil.wustl.edu/labs/kevin/move/HRT.htm
[40] Groden et. al. *The impact of stress and anxiety on individuals with autism and other developmental disabilities* in *Behavioral issues in autism*. Schopler en Mesibov, Plenum Press 1994
[41] www.autism.org/interview/groden.html
[42] Een ballendeken is een deken gemaakt van ballen die een ontspannende zwaarte kunnen geven, zonder harde druk. Wordt in Zweden onder meer verkocht door het bedrijf Komikapp.
[43] Comité voor invloed en zelfbeschikking (noot vert.)
[44] *En liten bok om inflyttande och självbestämmande.* (Een boekje over invloed en zelfbeschikking. vert.)
[45] Deze lijst is zeker niet volledig. Voor een uitvoeriger literatuurlijst over onderwerpen die met autisme te maken hebben, kan contact opgenomen worden met de verenigingen voor autisme die ook boeken verkopen, zie pagina 202.

DANKWOORD

Hierbij wil ik de volgende personen bedanken:

Gun Andersson
Lena Andersson
Susanne Bejerot
MaryBeth van Bourgondien
SvenOlof Dahlgren
Annika Dahlgren Sandberg
Christopher Gillberg
Johanna Helimo
Patricia Howlin
Monica Klasén McGrath
Margareta Kärnevik Måbrink
Anna Lewerth
Christina Lögdahl
Eve Mandre
Jackie McCormick
Malin Nordgren
Håkan Nordin
Marie Olsson
Michelle Robb
Henrik Söderström
Helene Tranquist
Marianne Törnblom

... en vele anderen wier commentaren en visies buitengewoon waardevol zijn geweest bij de totstandkoming van dit boek.

Ook wil ik de Helge Axson Johnssons Stichting bedanken voor hun subsidie die de reizen voor interviews en de aankoop van vakliteratuur mogelijk heeft gemaakt.